荷見守文著
荷見守助改訂

復刻

水戸藩に於ける

水府流の沿革

樞密顧問官正二位勳一等伯爵

金子堅太郎閣下題字

文武不岐

明治三十五年六月二十四日常磐神社ニ於ケル指南就任報告祭當日ノ記念撮影

水府流ノ再興ニ盡力セル荷見守敬

復刻版の序

このたび復刻する『水戸藩に於ける水府流の沿革』は昭和十一年六月に私家版として作られたものである。その後、昭和三十四年十月には『水府流』と改題した新版が水戸の郷土誌『天恩』の格別なご好意により市販の形で出版された。新版は水府流劒術の格法を定めた傳書と水府流水術三十ヶ條目録掟書を加へて専門的な資料を補強し、他方では漢字と假名遣ひを平易に改め、漢文と候文の資料には書下し文を添へるなど一般の讀者にも配慮した意欲的なものであった。

近年、水府流のことでお尋ねを受けた折などに、この父の舊著を拾ひ讀みした。その中で新版で追加の傳書には校正漏れや參考史料に起因するかと思はれる不備があることに氣づいた。新版執筆の頃の水戸は戦火で多くが失はれた後で、止むを得なかったのであらう。時が經ってしまったが、何とか補ひたいものとは思ったが、素人には無理な話と間もなく諦めてしまった。

ところが、平成二十三年三月の大地震で散乱した本棚を整頓してゐた時、長年の友人の山本隆夫氏から近年頂戴した明治期の文書、輕部愼編・大古敬筆寫『水府流撃劍術祕訣　完』の中に「荷見守身による御傳書の寫の複寫」を發見し、昔の宿題を突然思ひ出した。これが復刻版作成の契機となった。

水府流劒術の傳書と言へば水戸烈公の御手判のある御巻物を指すといふのが大方の理解であるが、

明治四年廢藩の際御卷物は返されず所在不明になるといふ事情が起った。そのため、明治二十九年に始り同三十五年に至る水府流劍術再興事業に於ては私共の家に傳ってゐた「御傳書卷物の大體の寫」が御卷物の代役を勤めたと本文四十二頁に出てゐる。今回さらに輕部氏の文書から「荷見守身による御傳書の寫」の複寫物が加った。これらを比較すれば、以上各種の「水府流傳書」の關聯が明らかになり、不明瞭な字句の修正も可能になって「大體の寫」のほぼ正確な内容が把握できる。

本書の構成を簡潔に述べれば、初版本の復刻と二種類の附録から成る。附録一は資料集で、新版で追加された水府流傳書の改良版と輕部氏の文書から傳書に關聯する記録部分の活字化を含む。また、附録二は解説で二つの話題を扱ふ。第一は新版の傳書の字句修正で「大體の寫」の再現が目標である。第二は劍術指南系譜の誤記のことで、修正を兼ねて水府系纂の缺卷を若干補っておきたい。

この原稿作成に際しては、茨城縣立歴史館主任研究員由波敏幸先生に格別のご指導をいただいた。改めて厚く御禮を申しあげる次第である。さらに、貴重な文書を惠與された畏友山本隆夫氏、出版の細部についていろいろお世話いただいた内田老鶴圃社長内田学氏に深甚の謝意を表する。

平成二十五年八月

水戸にて

荷見守助

新版の序

今茲十月週刊天恩誌は創刊から第五周年第二百五十号に達した。其の記念事業の一つとして、図らずも私の旧著「水戸藩に於ける水府流の沿革」の刊行を慫慂せられた。

よって本書を「水府流」と改題し装幀を新にし、水府流剣術の格法と同水術三十ヶ条目録掟書を加え、他は一切改訂等は施さずに、これに応ずることとした。

水戸武術の由來沿革を微証する一資料として役立たば幸である。

この書の活刷に格別のご尽力を下された天恩編集各位に深甚の謝意を表する次才である。

昭和三十四年十月

尚友舎書屋

荷見守文

序

本小册は、水戸藩に於ける水府流劍術の沿革及び水府流水術の起源と沿革の二部より成つてゐる。維新後下市水術の再興は水府流水術の沿革中に含まるべきものである。水戸史談會支部及び水戸史談會に於ける余が講演の概要及び下市水泳場發行那珂誌上に載せたるものを輯錄したのである。水術の沿革中には重複する所があるが別に改めなかつた。文武不岐、政教一致は、水戸藩學の本來主張する所、然るに近時、所謂水戸學を講ずるもの、動もすれば文に專に、武を閑却する傾向があるではあるまいか。我が父守敬若年より武術の振興に微力を捧げ、機に觸れ時に應じ、水藩武術の由來沿革を物語り、其の傳の絕えんことを恐れ、老來益々其の傳統の保存に心肝を碎きつゝあるのである。蓋し水府流水術下市指南の元祖は荷見守壯であり、又守壯は新陰流の指南でもある。同守善は新陰流指南として、同守身は水府流劍術指南として武術の爲めに、殆んど終始一貫し來つたが爲めであり、余が講演の資料は、悉く父祖の賜である。本小册が聊かなりとも水戸藩武術の一端を明かならしめ得ば、余の幸甚とする所である。

昭和十一年六月九日

荷見守文

水戸藩に於ける水府流劍術の沿革

水戸藩に於ける水府流水術の起源と沿革

附録目次

水戸藩に於ける水府流劒術の沿革

（昭和十一年五月三十日東京市青山會館水戸史談會にて講演）

一、水戸藩學弘道館の開館と廢絶

水戸藩に於ける水府流の沿革と題しましたが、水府流には劒術と水術とが御座います。本日は其の劒術卽ち水府流劒術の沿革を概略申上げたいと存じます。

水府流劒術は弘道館の事業と略々終始致しまして一旦中絶となり、其の後明治三十五年に再興せられましたが、又今日では途切れてゐるのであります。

さて、弘道館は申上ぐるまでもなく、天保年間烈公の創始經營に係る水戸藩の文武の學館で、天保五年十二月には既に烈公が建學の方針を樹てられました。然るに天保七年に大凶荒に遭遇いたしまして、翌八年には藩士の祿高を半減されるといふ樣な非常對策さへも講じたのでありますから、學館經營の障害となつたには相違ありませんが、それにも係らず烈公は此歲、學校設立に關して其の意見を諸臣に議せしめられ、翌天保九年には有名な弘道館記の文が完成いたしまして、其の大方針が確立したのであります。

學館の大方針確定せられますと、學館の敷地を三ノ丸に決定せられましたのが天保十年で、同十一年正月には烈公が國に就いて、其の年の二月二十日に弘道館掛りを執政渡邊寅、參政戸田忠敞、側用人藤田彪に仰付られ青山延于、會澤安の兩人は教授頭取に、杉山亮、青山延光の二人は教授に任命せられました。次で普請工事に取掛り、日夜督勵して同十二年七月十五日略々竣工いたしたのであります。敷地は約方四町總面積は五萬四千七十坪餘であります。

この年八月朔日假開館式を擧げたのであります。其の本開館式を行つたのは安政四年五月九日で、假開館式後實に十七年目に當つてゐるのである。此の間水戸藩は波瀾重疊を極めたのであるが、學館の事業は着々實效を奏しつゝ進んでゐた。かくて明治維新となり、同四年七月の廢藩に及んだのである。廢藩後も猶ほ文武の稽古は弘道館にはあつたが、翌五年十二月八日に至つて、弘道館は閉鎖せられ、文武共に廢絶に歸したのである。同六年よりは私塾までも殆んど皆無といふ有樣であつた。回顧すれば、天保十二年弘道館開館より明治五年末閉鎖に至るまで、實に三十有二年間である。

二、烈公の武藝各派統一の企圖

烈公は夙に武藝各派を統一せんと企てられ、天保十二年七月二十九日武藝指南の面々に流派併合を命ぜられた。

武藝各派の合併を企てられた趣旨は、蓋し少數分離の弊風を矯正するのが其の本旨であり、且つ相互に藝術を練磨切磋するには少數では目的達成には容易でなく、猶少數に分離してゐては、各派或は互に反目視して、藩內の親睦を阻害するの嫌もなしと云ひ得なかつたのである。斯くて、斷然劍術師範をば政府の任命、卽ち官選となすことゝし、且つ合併の如きも烈公の命令の下に强行するに至つたのである。

當時、武藝指南の面々への達しには

此度流々合併被仰出、往々は師範壹人に被遊候御仕法に有之候條、當指南永詰或は御役方等被仰付候節は、門弟中不殘外指南之族へ隨身致爲致修行候樣可被相心得事

但門弟中江も本文之趣兼而可被申合候

と見えてゐる。

抑々水府流劍術は、斯る趣旨の下に烈公の創意で組立てられたのである。故に其の元祖は烈公である。

三、水府流格法傳書の組立關係者

弘道館開館當時の劍術の流派の主なるものは、伊藤一刀齋を元祖としこれより出た神子上一刀流、上泉伊勢守秀綱を元祖とする新陰流、愛洲移香より出でたる眞陰流の三流であつた。

烈公は右三流の秘奥長所精粹を取捨して、水府流劒術の格法を組立てられたのである。

水府流劒術の格法組立の時、其の命を烈公より受け、專らこれに盡力せしは、大古庄兵衞敬道と荷見茂衞門守善の二人である。卽ち二人が主となつて水府流劒術の格法は組立てられたのである。

大古敬道は諸役を經て小姓頭取などになつた人で、頗る烈公の信任を受けた一刀流の名人で、幼年より烈公に奉仕してゐた。明治十四年七十六歳で歿したものである。

荷見守善は御小納戸役を勤めた者で、新陰流を修業し、佐藤政之進方實から新陰流の指南を讓られ、藝術の達人と云はれた。守善の祖父荷見守壯も新陰流の指南であつたのである。守善は嘉永六年六月二十三日七十二歳で歿したのである。

大古、荷見の兩人は烈公より水府流劒術格法組立の命を拜すると、特に御役引拔となり、全く寢食を忘るゝといふ有樣で、心血をこの事業に注いで格法の攷究に從事したのであつた。

水府流劒術格法組立當時の神子上一刀流の指南であつたのは山下伊左衞門隆敎であつた。烈公は弘道館開館前には、時々下市代官町の山下隆敎へ駕を枉げて劒術を修められた。其の時に烈公の相手を勤めたものは、間々田介九郎などであつた。隆敎は弘化元年七月五十五歳で歿した。

又、其の當時の新陰流指南は久方忠次衞門定靜である。定靜は荷見守善の門弟で、守善より其の指南を讓られたのである、嘉永五年五十七歳で歿した。

又、其の當時眞陰流指南は、城所政彌太信久（初勝定、信任）であつた。信久は安政四年致仕して梅好と號した者である。

烈公は右の山下隆敎、久方定靜、城所信久の三指南より、神子上一刀流、新陰流、眞陰流の三流派の傳書を獻上すべき事を命じ、此の傳書の太刀筋格法に基づいて、大古、荷見の二人が主任となつて、其の格法中の精粹を取捨して、新たに劍術の格法傳書を組立てたのである。

その際、江戸表より水戸に下つて、其の事業に協力されたのは富田無爭である。無爭は一刀流指南を天保三年辰年に木原六郎兵衛から相傳された人である。尤も山下隆敎、久方定靜、城所信久の三指南も格法組立の際、富田無爭と共に數日間其の議に與つたのである。斯くて組立てられた格法傳書を烈公が水府流劍術と命名されたのである。故に其の元祖は烈公である。

併し、水府流傳書の太刀筋は、前述通り神子上一刀流、新陰流及眞陰流の三流傳書の格法を精究して組立られたのであるが、水府流傳書には眞陰流の太刀筋は全然採用されなかつた。水府流傳書の格法は神子上一刀流と新陰流とより、其の太刀筋の精粹を選んで組立てられたのである。

烈公嘗て三流合併を命ぜられ、各格合つかいを御覽なさるゝ爲め、御書院にて各流の格をつかはせられた事がある。これは水府流劍術格法組立に關してゞあつた。其後新陰流の格の内のセッを遣つたのを見て新陰流師範の荷見茂衛門（守善）が、批評して云ふには此のセッといふ太刀筋も公には御傳書中に御取上げ御組合せの事であるが、今其の格を仕つたのを見ると更にセッの太刀筋に叶つてゐない、セッとは刺と書くのである、それは左右刺抜手勢である、今の手勢を見ると只仕方のみで刺の格ではないと嘆息した事があつたさうである。

四、水府流劍術水戸指南傳系

水府流劍術の御傳書格法が組立てられたので、一刀流指南山下隆敎の門弟雜賀八次郎常重に、水府流劍術指南を仰せ付けられた。天保十四年六月の事である。雜賀八次郎が烈公より御傳書を拜受して、第一代の指南となつた。雜賀指南は嘉永五年暮まで指南を勤めたが、故あつて愼を命ぜられ、指南の御役御免となつたのである。

次に指南を仰付けられたのは、荷見安太郎守身である。幼より技擊を其の父守善に學んで頗る練達した。弘化三年五月二十四日年二十歲で水府流指南手添となり、嘉永六年正月年二十七歲で指南の命を蒙つた。其の藝術の練磨され、格法に精通した事は、水府流劍術同流中前後無比であつたさうである。安政二年暮まで指南役を勤めたが、劍術の爲め足部を怪我したので指南を辭任致し度旨、烈公へ上申したが容易に御許がなかつた。その際、烈公より御直書を賜はつて門弟等の指導方針を述べさせられた。その上申書と公の御直書は次の通りである。

（上申書）

謹而奉申
上候
御流儀水府流劒術
御相傳之書當指南淺田富之允ェ相廻シ申度
正月中奉
伺置候處當指南御取立相始メ申度候得共
御相傳之書相廻不申候內ゟ控ェ罷在候義ニ
御座候間相廻申度
御事多キ御中奉恐察罷在候得共重而
奉
伺候乍恐
御下知頂戴仕度候此段奉申
上候恐惶謹言
二月四日
荷見安太郎守身
謹上

（烈公御直書）

右水府流傳書淺田富之允へ相廻し可申候同人へも申遣候扨又木原六郎兵衛在世中飯島彥藏雜賀八次郎極意の太刀筋相傳候様申付何レも傳受候處其後承及候ニハ八次郎ハ其後不致よしニも聞候處飯島へ成とも承り候て傳たえ不申様可致候若飯島ニても失念候ハヽ伊藤孫兵衛ハ存候半かたとへ失念候とも飯島參り承せ候ハヽ可相分候

依此だん申候也

花押

（附記）　右御直書ハ安政三年二月四日荷見安太郎ヨリ烈公へ奉レル献白書ニ對シ烈公ガ賜ヘル御直書デアル

八次郎ハ其後不致よしニも聞候處トアルハ雜賀八次郎ハ愼ミヲ仰付ケラレ全ク劍術ヲ成ス能ハザルコトヲ指シタモノデアル

謹而御請奉申上候去十一日御小姓頭取方より

尊書御下ケニ相成謹而拜見仕候

御相傳之御書淺田富之允方エ相廻候様

御下知頂戴仕富之允方エモ

尊書御下ケ被下置難有仕合ニ奉存候昨日十三日

御相傳之御書奉申
上置候通リ富之允ヱ相廻シ申候此段奉申
上候尚又木原六郎兵衛在世中飯島彦藏雜賀八次郎へ
極意之太刀筋相傳へ候樣との
仰ニ而何レモ傳受ヶ候處其後八次郎義不致候樣御聞及被遊候ニ付彦藏ヱ成リ共承リ候樣彦藏失念
仕候ハヽ伊藤孫兵衛ヱ承リ可申孫兵衛失念仕候とも
彦藏參リ爲承候ハヽ相分リ可申極意之太刀筋
傳絕ヱ不申候との蒙
仰ヲ難有仕合に奉存候乍恐私共指南被
仰付候節極意之太刀筋八次郎より口傳相受候へ共
八次郎義
愼被
仰付罷在候故得と仕ヒ合ヒ候義も不相成其餘ハ御相傳之書拜見仕候而已に而罷在候處壹昨年怪我
仕候後未タ全快不仕格仕イ候義も六ッヶ敷殘念罷在候處極意太刀筋之義右蒙
仰ヲ候上ハ飯島彦藏伊藤孫兵衛等ヱ先ッ理合斗リも承リ

可申水府流之義ハ
老公御組立之御流儀と申尚又
御先代ヨリ之御遺風にも御座候ヘハ何卒廢レ不申候様
仕度義ニ御座候ヘハ難有
仰之趣必忘却不仕併私共指南モ不相成候程之仕合ニ
御座候ヘハ行届申間敷候ヘ共身分ニ而行届候丈ケハ盡力仕勿論之義ニ御座候ヘ共當指南富之允
エモ申合傳絶エ不申候様心掛可申候恐惶謹言

二月十四日

荷見安太郎守身

謹上

烈公御直書

怪我致候よし何分加養いたし置萬一異船ノ一事も有之候ハヽ其節こそ快よく打死と常ニ覺悟を定め
置可申候
學校ニて教候は勿論ニ候ヘ共夫のミならす何指南いたし候者ニても此所ハ教示可致〇〇〇〇〇〇の類
にてハ叛臣と可申候ヘハ能々心得て若年の者等教導可致候事淺田へも此處よく〳〵可申聞候

披閲申聞之趣承り申候極意の刀筋傳絶不申樣可致候

尙又申刀筋のミ不絶候ても〇〇〇〇〇〇〇〇の如く姦佞等ニ黨し主君を讒し父子を離間致候樣ニ

てハ裏切ニ相成候へハ第一ニ士ハ士の心を不失樣ニいたし候義肝要ニ候主君を大切ニ致候樣ニ無之

候てハ劒術も何の用ニ足リ不申候へハ常山紀談抔ハ誰ニもよめ候故門人共の心を武士ニ致し可申候

今日人々給る所の祿ハ何故ニ給リ候と申事より承知致させ度候奢侈の爲ニ給候ニハ無之皆武役の爲

に給る所と存候へハ食服共ニ不奢ハ自然酒の上の心得違も無之樣相成候故門人を武士の腹に仕立候

て主君へ忠を盡し候樣導可申候

（附記）　右御直書ハ安政三年二月十四日書荷見安太郎ノ獻白書ニ對シ烈公ヨリ賜ハリタルモノデ

アル、〇ヲ附セル所ハ之ヲ公表スルコトハ憚ガアルカラ其ノ儘アラハサナイノデアル

荷見指南の次は、同指南の時に指南手添役であつた淺田富之允重信である。荷見指南より政府に淺田富之允を推薦し、富之允は安政三年正月指南仰付けられ、元治甲子にまで及んだ。

この年六月、淺田富之允は本藩を脱走したので、政府は元指南荷見安太郎に仰付け淺田指南宅より水府流劒術御傳書を取り戻し政府に納むべき命があつた。荷見元指南は單獨で行くことを辭退したので、政府は指南手添の安松元衞門を呼び寄せて、荷見元指南に同伴せしむる事になつた。そこで荷見、安松二人は上市五軒町の淺田富之允宅へ出向いて、御傳書を調べて政府へ差し出したのである。

依って指南役が缺けたので御國元眞陰流指南の城所梅好、水府流江戸元指南の中村東太郎、御國元指南の荷見安太郎、以上三人連名で、指南手添役の岡本勇四郎忠誠を政府へ推薦し、忠誠が指南役を仰付けられた。時に元治二年二月である。凡そ八ヶ月間指南が缺けてゐたのである。此の年四月に慶應と改元されたのである。

岡本勇四郎指南たりし時、藩内に内訌があつて、岡本指南は謹愼を命ぜられた。謹愼中に天誅に遭つたのである。斯る事情で、荷見元指南は再び御目付方より出頭を命ぜられ、岡本勇四郎宅に赴き御傳書を取調べ、早速政府に差出すべしと仰付けられた。この時荷見元指南は前の淺田富之允脫走の際、御傳書取戻しの事情を陳述して、水府流指南免許の飯島彥八郞邦房を同伴し、岡本勇四郎宅へ行くこととした。

飯島彥八郞は劍術は名人で、雜賀八次郞の指南手添を勤めた人である。

扨而、岡本勇四郞宅へ行つて見ると、御傳書は頗る鄭重に保管されてあつたさうである。荷見元指南は飯島彥八郞同道にて、御傳書を持參して政府へ差出したのである。

斯樣な次第で指南役が再び缺けたので、荷見元指南は曩には淺田、岡本兩指南を推薦したのであるが、三たび指南役の推薦を政府に出願したのである。卽ち豊島庯之允胤典を推薦し、政府は慶應四年六月豊島に指南役仰付けられ、明治五年にまで及んだ。

五、指南の任命

水府流劒術指南役の任命は、前述の通り官命ではあるが、指南役を推薦する場合には、同流の元指南が單獨に、又は連名で政府に推擧するのが、弘道館時代の常例となつてゐた。淺田富之允を指南に推薦せる場合には、元指南荷見安太郎が單獨で推擧した。次で岡本勇四郎を推薦せし時は、前述せる如く、御國元指南城所梅好、江戸元指南中村東太郎及び御國元指南荷見安太郎の三人連名で推薦し、江戸表にての指南安松元衛門を推薦したのも、岡本勇四郎を推擧したのと同時であつた。豊島庿之允の場合には、元指南荷見安太郎が單獨で推薦したのである。凡て政府へ指南を推薦する場合には、候補者を二、三名擧げるのが普通で、其の中の初筆の候補者が、指南を拜命するのが慣例になつてゐた。

指南推薦上申書寫

水府流劒術江水共當時指南之者無御座候所追々學校御始メ被遊候爲御義ニ奉存候へ共指南無御座候而ハ門人一統指支候義に御座候間何卒指南之者御立被下候樣仕度尤御國ニ而ハ岡本勇四郎豊島庿之允川上留四郎等之内指南被仰付被下置候樣仕度江戸表ニ而は安松元衛門義指南被仰付被下置候樣仕度何れも若年より出精修業仕藝術も上達ニ而指南手添等相勤萬事行届候族ニ御座候間我々共江水ニ而元指南仕候義ニ御座候間此段奉願候以上

御國元指南　城所　梅好
江戸元指南　中村東太郎
御國元指南　荷見安太郎

二月

右者元治二年二月十二日、岡本勇四郎ヲ水戸指南ニ、安松元衛門ヲ江戸指南ニ推薦スル爲メ若年寄ヘ上申セルモノデアル。

六、水府流劒術江戸指南傳系

以上は水府流劒術指南の水戸に於ける傳系であるが、江戸表の同流指南の傳系は

富田無爭
久世三十郎
富田無爭
中村東太郎
久貝悦之進
安松元衛門

である。

富田無爭は一刀流劍術を修行し、天保三年辰年に木原六郎兵衛より指南を讓られた人である。天保十四年六月十一日、水府流劍術指南仰付けられ、弘化三年午年に及んだ。前述の通り、烈公の水府流劍術御組立に際しては、江戸より下つて、數日間この議に預つたのである。

富田無爭に次で、久世三十郎が指南となつた。三十郎は、弘化三年より嘉永三年戌年まで指南であつたが、此年五月十一日事によつて御暇となつた人である。

久世三十郎の後は、元指南富田無爭が再び指南仰付けられた。無爭は、嘉永三年より安政元年寅年まで指南を繼續した。

安政元年、中村東太郎が指南仰付けられ、安政六年まで之を勤め、此年水戸に下つたのである。東太郎が水戸に下つたので江戸表の指南が缺けた。

其の後は、江戸表には指南なく、元指南の富田無爭が門弟の引立に當つてゐたのである。それが文久三年まで續いた。

元治元年甲子に、久貝悦之進が指南仰付けられたが、同年三月悦之進は江戸へ上る途中、宇志久驛(茨城縣稲敷郡)で俄に暗殺に遭つたので、これより翌元治二年二月まで、又江戸には指南が缺けたのである。

元治二年二月以後は、前述せる如く、城所、中村、荷見三指南の推薦で、安松元衛門が指南となつて、江戸表の水府流劒術の傳系は終りを告げたのである。

荷見安太郎より政府への献白書寫

荷見安太郎が、慶應三年丁夘に、富田無爭の家督斷絕せんとせし際、無爭が水府流劒術に多年貢献せる實情を述べて、家督の繼續方を懇願せる政府への献白書は、無爭の經歷を知る好史料のみならず、又江戸表水府流劒術の傳系を最も詳細に記したもので、水府流劒術の沿革を攷究するに缺く可からざる史料である。

次に掲げて參考に資する。

江戸水府流劒術元指南

富　田　無　爭

當年六十五歲

右者一刀流劒術於江戸表若年より執心修業仕候所天保三辰年故木原六郎兵衞より指南相請門弟引立方丹誠仕罷在候處亥十月〆

上公江御師範申上同十一年子五月御金方〆出火御殿向不殘御燒失上公琴畫亭へ御開之節近習向未タ參着不仕候ニ付御大切之御包物背負御供仕候趣ニ御座候同十四年夘六月十一日水府流劒術指南相勤

且

鶴千代麿様御相手ヲも相勤候勤労ヲ以御合力御扶持三人分被下置其間水府流御取立被遊候ニ付御國表指南之族江太刀筋等打合セ之儀ニ付罷下リ數日骨折仕候弘化午年迄無懈怠指南相勤罷在候處眼氣相煩候ニ付久世三十郎江指南相廻候處眼氣少ク相叶候様罷成候ニ付　上公御稽古被遊候度々被爲召其後は御定日罷出候様御達ニ付不欠罷出相勤嘉永三戌年三十郎御暇被仰出候ニ付跡指南被仰付候間病眼押張同寅年迄相勤同年中村五藤次ニ指南相廻申候同未年五藤次御國勝手被仰付跡指南無御座候に付門弟引立方丹誠仕候ニ付文久三亥十二月爲御褒美白銀二枚被下置候元治元子四月ヨリ慶應元年迄指南無御座候ニ付前々之如ク門弟引立方丹誠仕同年御國表江罷下リ候而も學校御始メ不相成内ハ家塾江罷出御始メ相成候而は勿論出精罷出候ニ付此度爲御褒美絹拜領被仰付難有仕合奉存候前書天保三辰年指南被仰付候ヨリ當夘年迄三十六ヶ年之間タ丹誠仕當夘年六十五歳之老人ニ罷成候而も無懈怠罷出引立方丹誠仕候議ニ御座候間何卒無爭議家督相立候立場江被仰付被下置候様仕度前文何分ニも御酌取被下置尚又同人儀極老迄廢棄不仕心底ヲモ御憐察被下不遠被仰出被下置候様仕度此段於私偏ニ奉願候以上

（附記一）

右之献白書ニテ富田無爭、久世三十郎、富田無爭、中村東太郎ガ江戸表ノ指南タリシ傳系分明デアリ中村東太郎ノ後ハ富田無爭ガ門弟ヲ引立テ、文久三年ニ及ンダコトガワカリ元治甲子四

月ヨリ同二年二月マデ指南ノ缺ケタルコトモ明白デアル

（附記二）

中村五藤次トアルハ東太郎ノコトデアル

七、水府流劒術傳書に就きて

水府流劒術指南は江戸、水戸共に官命である事は前述した通りであるが、御傳書は水戸の指南役が預ることになつて居て、水戸にのみ保管されてあつたのである。

江戸表の指南役が、御傳書拜見の場合には其の筋に其の旨願出で、願濟みの上、水戸に下つて水戸指南役に拜見方申出で差し許さるゝのが、常例であつたのである。

久貝悦之進正令が、元治甲子三月、公命によつて下國し、事終へて、此月江戸に上る途中、宇志久驛で賊徒六、七名に俄に襲はれ、暗殺せられたのは、その下國の用件は御傳書拜見の爲であつたのである。御傳書が如何に重大鄭重に取扱はれてゐたか、これに依つても察せられるであらう。

藩政府が、御傳書に就いて頗る注意してゐた事も、淺田富之允が脱藩せる場合、岡本勇四郎が天誅に遭つた場合に就いて、考へて見ても察知されるであらう。

新に指南役の任命があると、前指南は新指南に御傳書を相廻す定めである。世には水府流劒術御傳書に就いて、烈公の御手判ある水府流劍術御秘傳書御卷物一軸のみが御傳書であると、或は考へて居る向もあるが、これは全然誤解だと云はなければならない。其の證は、荷見安太郎が指南役辭任の際、烈公へ次の上申書を奉つてゐるので明かである。次に掲ぐるものがそれである。

謹而奉申

上候私共

御流義水府流劍術指南御免被

仰付難有仕合ニ奉存候依而

一　御箱入御筆御秘傳書御卷物一軸

一　一刀流傳書一冊

一　新陰流傳書一冊　同延紙横折一冊
同萬字圓形之圖延紙横折一冊

一　眞陰流傳書卷物七軸　同延紙横折一冊

一　新陰流傳書
　眞陰流傳書　　合延紙横折一冊
　　神子上一刀流傳書
一　神子上一刀流傳書一冊　同延紙横折一冊

右毎冊巻
御朱印付
右之通先指南雜章八次郎ヨリ相傳奉
拜受罷在候處淺田富之允指南被
仰付候ニ付相廻申度此段奉
伺候恐惶謹言
　　正　月　　　　　　　　　荷見安太郎守身
　　　　　　　　　　　　　　　　　　謹上

右は、荷見安太郎守身の烈公に献れる上申書の寫である。さて水府流劍術御傳書の一部をなせる新陰流口傳之巻一巻外極意の巻六巻は、寛延三年庚午十一月十一日に、新陰流指南久貝權之進正豊より荷見茂衛門守壯へ相傳されたものがあります。此れは、悉く水府流御傳書中に組入れられたものである。守壯は享保三年の生れなれば、寛延三年には三十三歳で新陰流の指南となつたのである。

又、新陰流指南佐藤政之進より、寛政十二庚申十二月十九日荷見久之丞へ相傳の新陰流の許狀一巻がある。其の許狀の奥に萬字圓形の圖が入つてゐる。久之丞は荷見守善である。この萬字圓形の圖入一巻も、水府流劍術御傳書中に組入れられたものである。守善は天明二年壬寅の生れだから、寛政十二年には十九歳で免許となつたのであつた。

又、水府流劍術御傳書の中に組入れられた一刀流傳書一冊、猶、烈公御筆御秘傳書御巻物一軸の寫等もありますが、此等に就ては他の機會に申上げ度と存じます。

さて、水府流劍術御傳書は、明治四年廢藩の際、豊島帀之允が預り居りて、舊藩主德川家へ返還せずに終つたのである。現在は御傳書中の巻物一軸のみは常磐神社に納まつてゐる。念の爲めその來歷も記して置かう。豊島帀之允の嗣子某は、水府流劍術御傳書は烈公の御直書にて價値あるものなる爲めか、他人に典物として置いたそうで、後に下市十軒町の鈴木重任の手に歸し、更に古川哲の手許に移り、古川は其の晩年常磐神社へ奉納したとの事である。後に說くが明治三十五年には、この巻物一軸は未だ神社には納まつて居なかつたのである。

水府流劔術の御傳書の根本となるものは、勿論神社へ納まつてゐるものもその一つであるには相違ないが、御傳書としては巻物一軸以外にもあることを知らねばならぬ。

八、水府流劔術の免許

水府流劔術の神文、卽ち起請文には烏《カラス》の號《ゴウ》を用ゐることになつてゐる。又、水府流劔術の免許を指南より門人に出す場合には、門人には免許を遣す旨指南より口述にて達し、其の旨御目付方へ届け出るのが例である。

指南荷見安太郎より門弟へ免許を遣せる文書寫あり、之れに依り左に事例として掲ぐ。

（其の事例）

松本秀次郎
勝五郎惣領　興津金之介
結城一萬丸
大介惣領　肥田其太郎
藤左衞門次男　戸牧藏次郎
左一郎四男　安松元衞門

源七惣領　朝倉源太郎
西野辰三郎
滋七次男　谷田部三次
登八郎次男　河嶋延生松

右者水府流劔術私方ヨリ此度免許遣シ申候
依而此段御届申出候以上

九　月　　荷見安太郎

御　目　附　様　中

（其の事例）

平山捨吉
里見常之進

右者水府流劔術私方より此度免許遣シ申候
依而此段御届申出候以上

十二月　　荷見安太郎

御　目　附　様　中

九、水府流劔術の最盛期

舊弘道館時代に於て、水府流劒術の最盛時期は、荷見安太郎が指南の時代で、實に前後無比であつたといはれる。當時指南手添であつたのは宮川吉太郎、淺田富之允、岡本勇四郎、豊島庯之允、岡見竹之介、武石權三郎等であつた。就中、宮川はすばらしい名人であり、淺田、岡本及び豊島の三氏は、相前後して指南を拜命したことに依つても、多士濟々腕揃であつた事が想見せられるであらう。武石權三郎は武田耕雲齋に從つて、那珂湊に屯集し、某藩に御預けとなり、その中に病死したのである。

一〇、嘉永四年武術概況

話は少し前後するが、嘉永四年、弘道館で行はれた劒術仕合の番組を我が祖父安太郎が記して置いたものがある。安太郎は文政十年亥年生れであるからこの年は二十五歳であつた。その翌々年嘉永六年正月に指南を拜命したのである。

嘉永四年試合番組

刀 大胡聿藏 ○
無 齋藤銀四郎 ○

刀 鵜殿力之介
無 小川留之介 ○

水 荷見安太郎 ○
無 山崎介之允

水 雨宮鐵三郎
刀 宮田十藏

刀 岡田熊五郎
無 照沼鐵次郎
無 小關友之進
水 武石權三郎
無 垪和角之允
刀 薄井鍋吉
無 板橋善三郎
水 宮川吉太郎
水 宮田常之介
無 森亥之吉
水 白石熊彌太
刀 川崎松吉
無 國友忠之介
刀 倉次藏之允

無 久木直次郎
刀 小澤三次郎 ○
水 宮田重吉
無 郡司孝藏
無 矢都木小左衛門
水 雨宮鐵五郎
無 武田魁介
刀 館野錚藏
刀 小澤寅吉
無 菊池剛藏
無 新井源八郎
水 岡本勇四郎 ○
刀 里見鐵次郎
無 吉成勇太郎

無　笠井類之介
刀　鵜殿六之介
刀　齋田金三郎
水　越智富次
刀　戸田龜之介
水　野村新一郎
無　小林春三郎
刀　伊東彦次郎
刀　落合量之介
無　安松万藏
無　萬澤鴨之介
刀　島田勝吉
刀　館野鐵次郎
無　佐藤雄藏

刀　關金之介
無　鳥井幾介
無　永井芳之介
刀　鈴木藤三郎
刀　柳瀨八十太郎
無　根本孝五郎
無　松田半左衛門
水　鬼澤安之介
水　雨宮金次郎
無　窪谷榮太郎
刀　鵜飼幸吉
水　服部恒之介
刀　大津彦之允
無　菊池右仲

水　肥田其太郎
刀　青山勇之介

刀　戸田藤三郎
水　戸牧藏次郎

水　吉川辰三郎
刀　住谷貞之介

刀　山國凉一郎
水　河西酉太郎

刀　加藤八十八
水　久貝猪三郎　○

無　眞木作十郎
刀　近藤出羽藏

無　森　三四郎
刀　里見勘之介

刀　齋藤銀太郎
無　富田市太郎

閏三月
右八十七日試合

無　長尾金平
水　豊島乕之允　○

無　横山吉太郎
刀　千種甲午朗

水　川上留四郎
無　齋藤留次郎

水　丹　捨次郎
刀　宇留野已之介
水　後藤政次郎
無　小瀬千藏
水　鈴木勝藏
無　有賀半藏
水　川上捨三郎
刀　吉村新三郎
刀　小泉清吉
水　櫻井德五郎
無　桐原源藏
刀　荒川辨介
刀　小原孝介
無　久貝正吉

無　小林吉次郎
刀　川崎寅次郎
刀　千種彦之允
水　朝倉源太郎
無　萩　秀五郎
刀　岡部長藏
無　高橋彌吉
刀　小澤龜之介
水　安松元衞門
刀　大森熊次郎
無　矢野大介
刀　中西榮太郎
無　本澤藤太郎
水　平塚亥之允

○

水　橋詰酉藏
無　皆川藤太郎
刀　川崎壽三郎
水　鈴木庄三郎
無　秋山吉次郎
刀　中野清太郎
刀　佐久間善太郎
無　立原俊藏
刀　石川金之介
無　雨宮兼次郎
刀　高木五郎
無　梶　善太郎
刀　額田熊彦
無　中根八太郎

無　井坂泉太郎
刀　岩澤市太郎
水　手塚千次郎
無　齋藤留藏
刀　安積卯之四郎
無　神長甚之允
無　青山捨三郎
刀　會澤熊藏
無　跡部源三郎
刀　村松信藏
無　三田寺秀太郎
刀　松崎盡之介
無　梶　鐵太郎
刀　横山吉次郎

刀｛酒井酉三郎
無｛安食五郎七

刀｛沼田幸次郎
無｛菊池鐵太郎

無｛加治九介
刀｛鵜飼藏之介

閏三月
右ハ十三日試合

（附記一）　刀ハ一刀流、水ハ水府流、無ハ無念流デアル
（附記二）　氏名ノ下ニ〇ヲ附セルハ筆者ガ付ケ置ケルモノニアラズ余ガ付ケタルモノデアル、後ニ指南トナッタ人々デアル。

右の番組によれば、嘉永四年三月の試合に出場せる者は、總數百五十名で、十七日の試合には七十四名、其の中、一刀流二十八名、水府流十七名、無念流二十九名である。十三日の試合には七十六名、其の中、一刀流三十一名、水府流十五名、無念流三十名である。弘道館時代の劍術の狀況を窺ふ屆竟の好資料ではあるまいか。氏名の下に〇を附せるは後年指南となつたものである。卽ち一刀流には大胡聿藏、小澤三次郎、無念流には齋藤銀四郎、小川留之介、水府流には荷見安太郎、岡本勇四郎、豊島幵之允、久貝猪三郎（悦之進正令である）、安松元衞門の九名である。

一一、弘道館の武館

舊弘道館の教場は、文館と武館とに分れてゐる。武館は、又分ちて兵學、軍用、劔術、槍術、居合、薙刀、柄太刀、柔術、馬術、射術、砲術等の諸場が置かれ軍事局操練所等も館中に置かれた。水術及大砲場は館外に設けられた。

武館は、正廳の南にあつて三舍より成つてゐる。南北相距ること各八間許である。三舍共に東西に長き建築物である。其の正廳に近い武館、卽ち北舍は劒術の道場で長さ三十間廣さ四間、これを三場に區分して、一場各一流となつてゐる。卽ちその東は一刀流道場、中央は水府流道場、西は無念流道場である。道場には皆藩主及執政の座が設けられ、其の稽古を臨視する場合に備へられたのである。

一二、指南の門人推擧

武術指南は平士已上で、性行端正、其の藝術優秀な者を宛てたのは勿論である。但し武術指南には別に役料を給することは無いが、唯常務を免ぜられることがある。指南は門人の指導稽古に就き意見ある場合には、政府に開陳する事が出來た。指南の下には指南手添が置かれた。手添は毎流二人以上で門人の多き場合には六、七人を置く事もある。手添は慰勞として銀二枚を賜はつた。指南手添は藩邸もこれに準ずるのであつた。指南は門人を奬勵する爲め、藝術の上達者は指南より政府に申請して賞與に預らしめ、又は役義を申請し、又は役義の昇進を上申するのが慣例であつた。

指南より門人推擧に關する事例

事例　其一

（嘉永六年御目附方へ差出セルモノナリ）

豊島帍之允
岡本勇四郎

右者水府流劍術若年之砌ゟ出精ニ而弘道館御開以來別而執心修行仕候ニ付年々御品物被下置難有仕合ニ奉存候藝術之義も上達仕候間爲御褒美白銀被下置候樣奉願候殊更勇四郎義ハ武藝之不己學文も執心ニ而文館迄も出精仕候實ニ感心成事ニ御座候間此段相濟候樣當正月中奉願候處未タ何等之御沙汰も無之候得共何卒近々之內相濟候樣仕度此段偏ニ奉願候以上

六月

荷見安太郎

事例　其二

（嘉永六年御目附方へ差出セルモノナリ）

宮川吉太郎

右者水府流劍術若年之砌ゟ出精ニ而弘道館御開以來別而執心修業仕候ニ付年々御品物等尚又白銀御褒美被下置候當時爲修業料白銀三枚御附ヶ被下置難有仕合ニ奉存候然所去月中同姓金次郎死去仕未タ忌中ニ而家督も不被　仰出中奉願候義入恐候得共吉太郎數年之出精尚又藝術も上達仕白銀迄も御附ニ相成候旁被思召立御召出シ被下置候樣仕度此段相濟候樣偏ニ奉願候以上

六月

荷見安太郎

事例　其三

（嘉永六年御目附方へ差出セルモノナリ）

雨宮鉄五郎

久貝猪三郎

川上留四郎

右者水府流劍術若年之砌ゟ出精ニ而弘道館御開以來別而執心修業仕候ニ付年々御品物被下置難有仕合ニ奉存候藝術も上達仕候間爲御褒美白銀被下置候樣當正月中も奉願候所未タ何等御沙汰も無之候得共猪三郎義ハ昨年中も皆出仕候留四郎義壹日相引候得共父彌五左衛門御用召ニ而罷出候當日御用相別候迄出仕延引仕候義ニ御座候間皆出も同樣ニ奉存候鉄五郎も貳百日以上は勿論ニ而三人共執心之義藝術等無輕重族ニ御座候間無缺白銀御褒美近々之中被下置候樣仕度此段相濟候樣偏ニ奉願候以

上

六月

事例　其四

荷見安太郎

（嘉永六年御目附方へ差出セルモノナリ）

鈴木勝藏

鈴木庄三郎

梅村七五郎

丹　捨次郎

雨宮金次郎

朝倉源太郎

橋詰　酉藏

手塚千次郎

戸牧藏次郎

宮田常之介

安松元衛門

右者水府流劒術若年ゟ執心出精仕候間御慰勞被下置候樣當正月中も奉願候所未タ何等御沙汰も無之候得共近々之內相濟候樣仕度此段偏ニ奉願候以上

六月

荷　見　安　太　郎

事例　其五

（嘉永六年十一月御目附方へ差出セルモノナリ）

櫻　井　德　五　郞

當丑廿歲

右は水府流劒術若年之砌ゟ執心出精仕年々御品物被下置難有仕合ニ奉存候亡養父彥左衛門跡式被下置

小普請組被

仰付候而より當丑年迄八ヶ年ニ罷成候所

德五郞年來水府流劒術出精ニ而藝術も上達仕尙又文館迄も罷出旁以篤學之者ニ御座候間近々之內御召出し被下置候樣仕度門人一同之勵ニも罷成候間此段相濟候樣於私偏ニ奉願候以上

丑十一月

荷　見　安　太　郎

事例　其六

（嘉永六年十一月御目附方ヘ差出セルモノナリ）

権之進惣領
久貝悦之進

右者水府流劍術執心出精仕ニ付年々御品物被下置昨年中者岡見竹之介雨宮鉄五郎久貝悦之進三人一同江白銀御褒美被下置難有仕合ニ奉存候此度竹之介鉄五郎江白銀御付被下置難有仕合ニ奉存候悦之進義ハ此度は御白木綿被下置白銀御附ニハ不罷成候得共昨年者右三人一同御褒美被下置候處此度者竹之介鉄五郎兩人江は並合不申候處無類之出精且ッ藝術行狀等も至而宜敷者ニ御座候間前書鉄五郎等同様御慰労被下置候而可然者ニ御座候當年之義は諸流一同別段御賞シ被下一同難有相勵ミ候所私共不調仕候ゆへ右等並合不申候義も出來候得共御公然之思召ヲ以何卒白銀御附被下置候様仕度此段偏ニ願奉候以上

十一月

荷見安太郎

事例　其七

（安政元年御目附方ヘ差出セルモノナリ）

淺田富之允

右者水府流劍術執心出精仕手添被　仰付候已來宅稽古場ヲも出來置追々申上置候通り門入引立方丹

誠仕候義ニ御座候間出格之御賞成シ被下置候様仕度私共昨年正月指南被　仰付候砌より奉願置候所當年も何等御沙汰無之候得共數年之功勞莫大之義ニ御座候間何共恐入候願ニ御座候得共御役義一段御進メ被下候様仕度偏ニ奉願候以上

十一月

荷見安太郎

事例　其八

（安政元年御目附方へ差出セルモノナリ）

彌五左衛門四男　川上留四郎

右者水府流劍術出精執心之ものに付年々御品物被下置此度も御下緒被下置難有仕合ニ奉存候同人義是迄白銀御褒美被下置候義も無御座候併藝術之義は上達仕加之無類之出精ニ御座候間竹之介等ニ相準シ爲修行料直ニ白銀御附被下置候様仕度春中より奉願置候義ニ御座候所此度御下緒被下置難有仕合ニ奉存候重々奉願候は恐入候得共何卒同人出精藝術等之義被御思召直ニ白銀御附被下置候様奉願候右御了簡御六ツヶ敷義ニも御座候ハヽ白銀御褒美成共被下置候様仕度奉願候右等之者御引立ニ不相成候而も當人氣ヲ挫キ候義は毛頭有之間敷候得共私共立場ハ甚指支候義ニ御座候間何共恐入候得共出格之思召ヲ以此段相濟候様仕度疾々相願可申と奉存罷在候所當年ハ別段御引立被下置候御砌如何と見合罷在候處難默止奉存候間不顧恐入又々奉願上候以上

十一月

荷見安太郎

一三、廢藩當時の武術概況

弘道館に於ける文武の稽古は、前述の通り明治四年廢藩後も繼續されたが、翌五年十二月に至つて學館は閉鎖され、文武の稽古は共に廢絶に歸して、只だ往時の盛觀を偲ばしむるのみである。

弘道館の劒術の一刀流、水府流、無念流各道場は、廢藩の翌明治五年に、合併されて無念流出身の大關（亮之介）俊德が指南となり、副指南には水府流指南の豊島帍之允、一刀流指南の小澤三次郎敏行、無念流指南の小川留之介が之に當つたのである。これ等の人々は、何れも弘道館の道場で教授し、又一方には指南個人の道場でも門人指導に力めても居たのである。豊島副指南は下市十軒町で、小澤副指南は上市櫻町で、稽古に當つてゐたのである。斯くて、合併は全く有名無實で互に對立の形となつて居たが、これも弘道館の廢絶と共に、復絶えてしまつたのである。

一四、劒術復興の曙光

明治五年十二月、弘道館廢絶後は、文武共に衰微の極に陥るといつてよい状況であつた。然るに明治十年舊幕府の劒客に榊原健吉といふものがあつて、水戸に來て木戸を打つて劒術を興行したのである。

劍術の興行と來ては、或は兎角の論議があるかとも思はれるが、劍術の普及と其の興味とを惹起せしむる上からは效果無しと云ふことは出來まい。其の時水府流劍術の名人宮川吉太郎、川上留四郎等はこれに參加し大森金三郎、小泉某等も亦これに加つた。其の場所は下市青物町であつた。扨て榊原、宮川、川上等は巡業して潮來の邊まで行つたさうである。これが廢藩後劍術が再興し來らんとする曙光であつたのである。此の頃警察でも劍術の稽古が始まつてゐた。それは明治の何年の事であつたかは不明である。何れにしても、榊原等の劍術巡行は明治初年の廢れた劍術に、復活の動機を與へた事は見逃すわけにはいかない。

其の後明治十五、六年頃より、宮川吉太郎は、那珂郡に出向いて劍術の教授を始めた。同十七年に宮川吉太郎は私の家に傳つてあつた傳書寫を寫し取つて指南に當つてゐた。下市仲ノ町にゐた川上留四郎も、那珂郡湊町に移住して劍術と水術との指導をなしてゐた。其の後一刀流の名人館野彥衛門も近在に出て教授し、無念流の松島勇藏、一刀流の小澤寅吉も門弟の養成に盡力してゐたのである。

一五、水府流劍術の再興

かくて、漸く劍術が行はれて來たが、烈公の創始せられた水府流劍術は、其の格法を會得し攷究するものが稀であつた。この儘で推移したならば、或は其の傳を失ふの恐も無いではないといふ樣な狀勢であつた。斯る憂もあつたので、佐々木籌、手塚悳進は、水府流の格法の研究に努め、輕部愼は、白石隆（又衞門）に就いて格の稽古に從事し、我が父荷見守敬は指南免許の飯島邦房と共に、水府流劍術の傳書に就いて研究に精進し、水府流の再興を企てつゝあつた。次いで佐々木、荷見、輕部の三名は相會して水府流再興保存の議を凝らし、佐々木及び荷見の發案で、一刀流の小澤一郎及び小澤二郎（篤信）兩兄弟が劍術を教授してゐるから、小澤篤信に水府流の格法を傳へ、傳書を讓り水府流の指南を依賴せば好都合であらう、幸にも小澤一郎は茨城縣立水戸中學校の劍術教授を擔當してゐるから、水戸中學の劍術の方を小澤篤信に擔當させることゝし、この流義を傳へ保存させる事にしたならば尙一層便宜でもあらうと考へ、佐々木籌より此の趣意を小澤一郎に內談し、小澤篤信には一刀流を破門させ水府流に轉じさせて、其の目的を達せんとしたのである。

佐々木籌より此の趣意を小澤一郎に懇請した處、小澤一郎は舊藩の御流義保存再興の爲めとあらば御引受申さんとて、承諾されたので愈々水府流保存再興の協議會を、弘道館に開くことになつた。其れが明治二十九年四月五日である。此協議會に會合した同流の人々は、

宮川吉太郎　　梅村清記　　石川龍

川上有朋　　佐々木籌　　白石隆

丹直温　　荷見守敬　　淺田多實

橋詰西三　城所信庸　高野正己
安藤信道　佐藤佐　石川秀清
輕部愼　柏頼之介　堀口新
山内之道
の諸氏であつた。此の會で、水府流劍術保存會創立委員を選擧し、其の結果次の九氏が當選した。
伊藤忠孝　佐々木籌　白石隆
野島惟親　城所信庸　門井直次郎
荷見守敬　淺田多實　輕部愼
この時水府流劍術保存會主旨を佐々木籌が草した。其の文は、

水府流劍術保存會主旨

我ガ先君烈公英邁ノ資ヲ以テ王室ヲ尊ビ大義ヲ明ニシ其ノ盛德偉業炳焉トシテ天下ニ輝キ海內ノ人士孰レカ其德ヲ感戴シテ其風ヲ仰望セザランヤ、然リ而シテ脩文講武士風ヲ勵マシ舍華取實氣節ヲ尙ヒ學校ヲ興シ人士ヲ鼓舞ス、是ヲ以テ濟々多士蓋シ當時ノ列藩ニ冠タリ、公又武技流派ノ中ニ於テ一刀及兩眞陰ノ數派ヲ合一ニシテ其精ヲ採リ其粹ヲ擇ヒ法格ヲ擬定シ蘊奧ヲ研究シ親書シテ當時ノ師範ニ賜ヒ水府流劍術ト命名ス、爾來彼ノ北辰一刀流神道無念流ト共ニ之ヲ演武場ニ鼎立セシ

ム時盛衰消長アルモ其技撃ヲ學ビ其法格ヲ講ズルモノ常ニ數百人ヲ下ラズ、世態一變シテ士其ノ常職ヲ解キ藩學亦廢シ技撃ニ從事スル徒寥々晨星ノミナラズ殆ンド廢絶ニ至ラントス、余輩薄才其力ヲ測ラザルガ如シト雖モ今日之ガ保存ヲ爲サズンバ恐ラクハ水府流劍術ノ美ヲ後昆ニ傳フルヲ得ズシテ明君創設ノ深意モ亦將ニ湮沒セントス、幸ニ方今縣下所在ノ地ニ於テ其術ヲ教授スルモノアリテ頗ル盛運ニ嚮フヲ聞ク、特リ水戸市中ニ之ヲ復興スル能ハザルハ固ニ遺憾ニ堪ヘザルナリ、因テ同志ノ士三々五々相會シテ共ニ保全ノ道ヲ立テ明君ノ美擧ヲ不朽ニセンコトヲ企圖ス、是余輩不肖大方ノ譏ヲ顧ミズ進デ發起ノ事ニ當リ乃チ各地諸彦ノ賛襄ヲ切望スル所以ナリ、尚其規約ノ如キハ諸彦ト與ニ協議シテ別ニ定ムルアラントス、請フ嘗テ本流ニ游ヘルノ志士協力アランコトヲ、

水府流劍術保存會の趣旨、之を再興せんとする精神は、右の文で略々窺知することが出來るであらう。玆で正式に小澤篤信(二郎)に指南依賴の交渉をなし、御傳書を讓る運びになつた。御傳書は前述の通りの始末であつたから、保存再興の際、豊島元指南の家について御傳書披見致したき旨申込み、交渉督促したが、豊島の相續者は遂に之に應諾を與へなかつたのである。

斯る經過の下に愈々小澤篤信が指南と定まり、明治三十五年六月二十四日、常磐神社で其の指南就任報告祭を行はれた。其の日、私の家に傳つてゐる御傳書卷物大體の寫を更に淨寫して、其の當時の宮司朝倉政通の手許へ納め、同宮司は之を供物の中央に供へ、元指南の後の荷見守敬は拜殿の東側に、

同じく淺田多實は其の西側に、小澤篤信は中央に進み正面に向つて參列し、莊嚴な指南就任の報告祭終つて、朝倉宮司は其の御傳書寫しを小澤篤信に授けられた。多年の宿望は全く達せられ、水府流劍術は再興せられた。實に中絶後三十年目である。

この日常磐神社の拜殿東側に臨時に道場を設け、水府流劍術同流の者、竝に其の他各流派の指南、或は其の門弟等の格法を仕ふもの、又は仕合があつて小澤指南の披露の盛會があつた。玆に參考の爲、之に參加せる主なる人々を擧ぐれば左の通りである

小澤敏行	宮川吉太郎	鈴木某
城所信庸	大岩次滿	松島勇藏
小澤一郎	堀口新	安藤信道
山内之道	橋詰西三	佐藤某
松島平太郎	小澤篤信	石川捨吉
佐々木籌	高野正己	柏頼之介
荷見守敬	鈴木彦惣	淺田多實
相羽某	大岩次俊	佐藤佐
輕部愼	石川龍	川上留四郎

石川清明　岡崎興禎　梅村清記

亦少年の部にも多數あつた。本書の卷頭に掲げた寫眞は再興當日の記念撮影である。

佐々木簿が、明治卅五年六月に記した水府流劒術再興の事情は、文簡にして要を盡してをる。卽ち

水戸烈公所創水府流劒術自雜賀先生爲師範四傳而及豊島先生會諸藩廢是以師範之職亦廢爾後水府流唯存其名耳唯恐其久而其術湮滅舊門生胥議欲存其法術於永遠近年有武德會之設武術諸流人各講究其法術今小澤篤信君以劒術著名且誓入水府流之門乃托君傳其法術目謄寫公之所命名之親書以贈之云

卅五年六月

以て參考に資すべきである。

一六、水府流劒術再興後の狀況

明治三十五年六月水府流劒術再興せられ、小澤篤信指南となつて專ら門弟の養成に盡力し、又茨城縣立水戸中學校の武術師範となり、青少年に對し劒術の敎授に當つてゐた。大正四年に至るまで實に十四ヶ年間に及んでゐる。其翌五年八月篤信歿してより、復指南の人無くして今日に至つたのである。荷見守敬は水府流劒術の傳絶えん事を恐れ、且つ憂ひ、關係者と共に其保存に心肝を碎さつゝあるのである。

水戸藩に於ける水府流水術の起源と沿革

（水戸史談會支部にて昭和十年三月三日講演）

（舊下市の部）

第一編　黎明期　藩初より小松郡藏に至る

水府流水術の起源と沿革に關し、其の概略を只今から申上げますが、主として舊下市水府流水術の傳統に就いて申上げたいと思ひます。

一、威公と義公

さて、水戸に於ける水泳の起源は、蓋し古い時代であらうと思はれるが、其の詳しい事はわからない。江戸氏、佐竹氏の頃にもあつたらうとは思ふが、私はこれに就いては取調べたことはないから、德川氏が水戸に移つて以來の事を述べる事といたします。

水戸の地は北に那珂の清流があり、南に仙湖の碧水を湛へてゐる。尤も仙湖の大半は最近干拓されて美田となり、瑞穂の波を漾はしてゐるが、嘗ては漫々たる湖水でありました。而して東一帶は大海に洗はれてゐます。環境が既に斯くの如くでありますから、水戸の地に水泳の起るのは自然であり、水術の研究されるに至るべきも當然ではあるまいかと思はれる。將來、水泳に於て覇を競ふ練達者も、續出し來るだらうとも想像されるのである。

水戸舊藩時代の水術の起源もはつきりしたものではないが水戸德川家の藩祖、威公時代に、水泳があつた事は確實である。

義公行實に「年十二、善騎善泅、威公、試之淺草川、公絕流游泳、威公壯之、以宗近短刀賜之」と見えてゐる。

この事亦桃源遺事、玄洞筆記水戸紀年等にも載せられてゐる。桃源遺事には「同十六年巳卯夏西山公水を能御をよぎ被成候に付賴房公御心見のため武州江戶淺草川へ御同道被成西山公へ此川をよぎ越候へと仰せられ候て賴房公先川へ御打入候西山公には少ひきさがり御跡より御をよぎさうなく御越候へば場所は淺草川の內みつ又と申處なり賴房公御喜色にて三條小鍛冶宗近御鍔は巴なり御一生御登城の節は此御刀を御指被成候の御腰物を進せられ候」と見えてゐます。

玄洞筆記には「十二の御歲淺草川御游被遊候事御行實に見えたれども猶も書付申候威公淺草川へ御

成有てお長此所游べき歟と御尋あり游て見可申と御答ありされば游て見よと被仰出御供の者共無勿體御事なり自然御あやまち候はゞ何とか可仕といさめ奉りければ威公被仰けるはいやとよ我子ならば游得べし自然溺死候てもそれほどの不器用者生立候とも詮なし少しも悔むまじ疾々游ぎ候へとて小舟に乗まゐらせて西の岸へ着まゐらせ東に向て游かしめ給ふ其年は荒年にて餓死の骸水上より數多流下けるが御身へ當りけるを推のけ給へば浪にゆられて又々流寄〳〵幾度ともなくしける其骸の冷かなる事臭穢なる事たとへんかたもなくうるさく思召けりせんかたなくて骸の下を泅て御游被成けり過半游越給ふ時威公御力を添られことに御游は無類の御上手にて御腰より上はさし顯れて水の上に浮立給ひておお長川はもはや淺きぞ是見よ我せいの立程なるぞとて御後しさりに游給ひて導き給ひ岸に游着き給へば御下帯の四結を取て小舟の中へなげ入給ふ公は草臥給ふて打臥給ふ威公大きに御感ありて御褒美に小鍛治御脇指を進せらる此頃公あまりわるさを被遊るにより御脇指を御禁制にて丸腰にておはす御懇望の折節にてありければあまりの御うれしさに御草臥も打忘れ給ひて即起上り頂戴被成けるとぞ　淺草川西岸か是も慥に覺不申とかく威公は川を越てむかふの地へ被成御座候て義公を御舟に乗まゐらせてこなたのきしへ着まゐらせて江戸の方の岸より水戸の方の岸へ御游がせ被遊候よし」

即ち、この出來事は寛永十六年夏義公十二歳の時であり、威公が實に水術の練達者であつた事は明白にわかる。又、淺草川のみつ又を游ぎ越すには、相當水練の稽古が積まれなくては能はざる事も亦明瞭である。桃源遺事には義公が「さうなく御越候へば」と見え玄洞筆記には威公が力を添へられ「岸に游着給へば御下帯の四結を取て小舟の中へなげ入給ふ公は草臥給ふて打臥給ふ」と書いてある。蓋し玄洞筆記の記事が眞を傳へてゐるのではあるまいか。水戸紀年には義公が淺草川を往返數行に及んだと記してあるが誤ではあるまいか。

義公は今の柵町水戸驛構内で御誕生になり、三木仁兵衛之次が、輔導役で公はこゝにあらせられたから、或は之次が游泳術を仙波湖で教授されたのではあるまいかとも思はれる。但し如何なる泳法であつたかは判然しない。

二、水戸藩水術傳系研究書

水戸藩水術の起源傳統の取調に當つて、其の傳統を記載した原據となる文書類は相當に或はあるかも知れませんが、私の寓目したものゝ中、最も有力なる資料は岡本小兵衛祐躬の揖錄された水府武術傳系であらふ。幸に水戸彰考館文庫に藏めてある。但し缺本で其の下卷のみではあるが、水術の傳系は完全に載つてゐる。この本には享和壬戌三月晦の藤田一正の跋文が卷尾に載せてあります。水戸藩武術の傳系を研究するには屈竟の史料と認めて差問あるまい。又史館所藏本に森觀齋の弘道館武術傳系がある。併し、この本は水府武術傳系本よりは年代がずつと新らしいのである。今、主として此二書によつて水藩初期の水術の傳系を述べ、漸次近時の史實に及び、其の沿革を辿つて見よう。

三、上市水泳の起源

東藩文献志によれば、水藩の水術は井田喜太夫から出てゐると見ゑてゐる。水府武術傳系に井田喜太夫は、

水練に達者ニシテ心ヲ用シ人也ト云此頃ハ水稽古小屋ト云ナク澁紙等日蓋ニシテ指南セシト也何ノ比ト云フ叓ヲ不知上町ノ人也ト云是上町水稽古中興始メナルベキ歟

と出てゐる。この記事によれば「上町水稽古中興始メナルベキ歟」とあるから、その以前より水泳はあつた筈と思はれるが、上町水泳指南の始めは、中山備前守信成の家臣、島村孫衛門正廣だと云はれてゐる。其の術は、井田喜太夫から出てゐるといはれる。水府系纂には島村孫衛門正廣は、初吉忠初名政衛門其の父は孫衛門昌次といふ。昌次男子なし、國分八衛門吉則の男、孫衛門正廣を元祿十四年辛己八月廿四日養子とす。祿百五十石、元文四年己未正月十三日致仕、退翁と號す。隱居料五十石、十二月三日死す。六十一歳とあるから正廣の時代は明瞭である。此の頃上町の水術は初まつたわけである。

四、下市水泳の初期

これより下市の水泳に關して申上ます。下市水泳の初期の人としては根本淨雲といふ人の名が見ゑてゐる。淨雲は又如雲ともいつた。水府武術傳系には、

何人ト云フ〻不知水練ノ達人ニテ水中自由ヲナセシト云ヘリ下町住ト云按スルニ元祿正德ノ比ナル

べキ歟

とあります。水府系纂を調査しましたが、根本淨雲の名は見えて居りません。尤も精査したならば或はわかるかも知らぬが、未だ自分はわかつて居りません。根本淨雲は或は士分で無かつた人かも知れません。

水府武術傳系本には、根本淨雲に次いで福地定衛門、加藤一平が出たと記してあります。水府系纂を操つて見ると、

福地理左衛門道利初名勝衛門又定衛門父（理左衛門道昌）隱居（元祿六年十一月九日致仕）して切符を賜て歩行士となり寶永四年丁亥十月十一日小十人組享保四年巳亥五月十三日土藏番十三年戊申六月十九日奧方番二十年巳卯二月二十一日新番組延享元年甲子正月七日死七十三歳

となつてゐる。これによれば福地定衛門は島村正廣より七年前に生れ、正廣の歿後、猶五年後に歿したのであるから、正廣とは同時代の人であり、孫衛門と定衛門とは、何れが前に水泳を教へたかは容易に斷定するわけにゆかない、水府武術傳系に定衛門は、

江戸小石川御屋舗御泉水に泳潜リノ術ヲ肅公ノ上覽に入レタテマツルト也、水ヲ泳クニ竹ノ皮ノ笠ヲカブリテオヨギシヨシヒトヘノシ也又立泳ニテ足ヲ不出オヨギシヨシ其子定衛門道時物語也

とあれば、游泳、潜水、立泳に練達してゐた事は明かで、殊に注意せねばならぬ事は、一重熨斗泳

である事で、未だ二重熨斗泳は起つて居らぬのであります。
福地定衛門と同時の人に加藤一平がある。水府系纂に、
加藤一平重明初名平七、寶永五年戊子六月二日切符を賜て小十人組父(重秀)隠居して家督を繼、百石を賜ふ享保九年甲辰八月二十八日同組頭、十六年辛亥正月二十五日新料理間番、十九年甲寅七月三日土藏番組頭二十年乙卯五月十八日新番組、寶曆元年辛未正月十三日馬廻組となり八年戊寅二月二十七日死七十四歲
と出てゐるから、加藤一平は福地定衛門の歿後、猶十四年長命したのである。水府武術傳系には、
福地定衛門道利と共兩人小屋等掛候而指南セシ是指南ト定ノ初也ト云其ノ以前寄合泳ヲナセリ
と記してある。併し未だ師弟の禮を行つた事は無いのである。猶水府武術傳系本には、福地定衛門の門弟として左の如く載せてある。

久貝半兵衛 正明
楠　六　藏 某
鹿島又三郎 良弘
芹澤土佐衛門 忠行
太田六兵衛 信勝

水谷求馬利忠
前野傳十郎重明
號一心

右之輩中奥水練ノ達者ト云ヘリ按スルニ福地、加藤ノ門弟ナルベキ歟知ル人ノ說ヲ待ツ也

と見えてゐる。次で小松郡藏が出た。水府系纂に、

小松郡藏正永初名庵之助元文四年巳未十一月十五日家督を繼、七十五石小普請組となり五年庚申五月十九日小十人組、寛保二年壬戌六月二十三日中山備前守信昌組付明和七年庚寅二月二十八日病に依て養子正信を以て番代とす正信出奔するを以て十月四日小普請組となる安永三年甲午三月二十五日死す五十二歳

と記してあつて、水府武術傳系本には、

太田六兵衛門弟水練ノ達者、疲勞スルヿヲ不知衆ニ秀テタリ

と見えてゐる。

第二編　完成期　荷見茂衛門守壯より近藤金吉に至る

一、下市水術指南の始祖

さて、舊水戸下市水術指南の始祖――師弟の禮を行つて、門人を教授し始めた。指南は誰であるか――この問題に就いては岡本祐躬の水府武術傳系と、森觀齋の弘道館武術傳系との兩書に異つて記されてゐる。前に述べた通り、水府武術傳系本の方が弘道館武術傳系本より勿論古い編述なのである。

水府武術傳系本には水術指南の傳系を左の通りに記してある。

荷見茂衛門守壯（其師不詳福地ノ指南ノ節右七人ノ罷出稽古セシト也右七人ノ内ノ門弟ナルベシ小松郡藏ト同時ノ人也）――宮川彌藤太安榮（明和ノ初指南　此節ヨリ門人出精書出初）――阿部伊左衛門幸純（茂衛門弟子　此人指南ノ節ヨリ師弟誓書誓紙ヲ以テ約スルト云）

――大久保三十郎某（荷見門弟）――岡見甚三郎經致――正木八十郎時一――宮本善七郎有壽（文政四年辛巳マデ指南）

――久貝權之進正用（伊左衛門門弟）天明ノ頃指南ス定府トナル寛政三年亥年上ヨリ公儀エ被仰立於兩國ニ指南ス

――佐藤政之進方實（伊左衛門門弟）

――三浦與衛門爲方（文政十一年戊子マテ指南）――荒川戸田衛門信吉（嘉永元年戊申マテ指南）――飯島彥八郎邦寧

然るに、弘道館武術傳系本によれば、小松軍藏が指南の始祖で、荷見茂衛門が小松より傳承せるやうになつてゐる。水府系纂及び水府武術傳系本には小松郡藏と記してある。郡藏は或は軍藏と記した事もあつたであらう。

水府武術傳系本に、荷見茂衛門守壯は其の師不詳とあり、亦福地の指南の節、前に擧げし七人の輩の内の門弟なるべしと記してあるが、茂衞門守壯は、其の父を荷見茂衞門守照といつた。守照は水練の達人であつた。守壯は父守照に就いて水術の稽古を積んだのである。それ故其の師不詳となつてゐるのである。福地の門人の門弟なるべしと記してある推定は全く當つてゐないのである。福地の門弟に就いて、その術を稽古したのではない。亦小松軍藏と同時の人なりとあるは、水府系纂によつて明かに確められる。卽ち系纂に、

荷見茂衛門守壯初名松之允又丹三郎茂衛門平兵衛後初名に復す父死して元文三年戊午十月六日家督を繼百石を賜て小普請組となり四年巳未二月十日馬廻組寛保三年癸亥十月四日進物番に遷り延享四年丁夘九月十七日大番組寶暦七年丁丑三月八日書院番組十一年辛巳十一月二十三日小納戸役となる安永二年癸巳七月十九日書院番組に復す九年庚子九月二十六日死す六十三歲云々

と記してある。卽ち小松郡藏は享保八年に生れ、安永三年に歿し、荷見守壯は享保三年に生れ、安永九年に歿したのだから、守壯は郡藏よりは五年前に生れ、郡藏の歿後、猶六年後まで生存したのであ

る。而して郡藏は元文四年十七歳で家督を繼ぎ、守壯はその前年元文三年に二十一歳で家督を繼いだのである。故に水府武術傳系本にある小松郡藏と、同時の人なりとの記事は正しいのである。弘道館武術傳系本に、下市水術の始祖を、小松軍藏としてあるが、若し荷見守壯が、小松郡藏より傳繼したものであつたならば、水府武術傳系本に、單に同時の人也とのみ記すべき筈はあるまい。況んや荷見守壯は其の師不詳と記すべき理由はあるまいと思はれる。小松郡藏と荷見守壯とは全く師弟の關係なく、亦小松の後を繼承して居らぬのである。弘道館武術傳系本に、小松を下市水術の始祖と記してあるのは、全く何等かの誤りに基づくものと判斷せざるを得ないのである。荷見守壯が小松郡藏の後を繼承して、指南となつたと云ふ事實は、全然跡形も無い事であります。故に弘道館武術傳系本の記載は、正當なりと認めることは出來ない。水戸下市水術指南の始祖は、岡本祐躬の水府武術傳系本に從ふべきであると思ふ。誤られたる記事は訂さゞるを得ない。そこで下市水術指南の系譜は――舊藩時代の下市水術の傳系は左の如くなるのである。

二、下市水術指南の傳系

一、荷見茂衛門守壯
二、宮川彌藤太安榮
三、阿部伊左衛門幸純

四、大久保　三十郎
五、久貝權之進正用
六、岡見甚三郎經致
七、佐藤政之進方實
八、三浦與衛門時一（正木八十郎時一）
九、宮本善七郎有壽
一〇、三浦與衛門爲方
一一、荒川戸田衛門信吉
一二、飯島彦八郎邦寧
一三、横山　九郎衛門
一四、輕部平之允和邦
一五、荒川戸田衛門信吉
一六、荒　川　辨　介信敏
一七、市村次部介善長
一八、荒　川　辨　介信敏

一九、近藤金吉

三、下市水術指南の事蹟

この系譜を辿つて、水術の沿革を跡づけて見やう。前述の通り、荷見守壮は、其の父、守照に就いて水術を稽古したのみでなく、藩の内命によつて、遠く諸國を週遊して、水術の研究を努めたとの事である。劒術に於ても其の技擊の頗る優れてゐた事は亦物の記錄にも見えてゐる。其の門弟には阿部伊左衛門、大久保三十郎の如き達人を出してゐる。

明和の初の指南は、宮川彌藤太安榮である。桃蹊雜話に「明和の頃より出精の族を御目附方に書出せし云々」と記してあるのは、水府武術傳系の宮川安榮の所に「此節より門人出精書出初」とあるのに符合して居る。雜話の記事は或は水府武術傳系本に基づいて居るかも知れぬ。

阿部伊左衛門幸純は初は之性、初名は半藏、安永二年癸巳九月九日阿部幸豊の養子となつた。山内善之衛門之方の二男である。諸役を經て、天明三年癸卯六月四日、矢倉奉行となり、寛政六年甲寅七月八日五十六歲で死んだ。阿部指南の時に、水術三十ヶ條の目錄が選定され、亦水術の格法を發明されたのである。實に二重熨斗泳の格法は、阿部指南の時に起つたのである。水戸の水術に於ては劃期的の大發明であり、大功勞者であると云はなければならぬ。三十ヶ條の目錄の如きは多年研究し來れる成果を集約したものであつて、水戸の水術を攷究調査するには缺くべからざる至寶とも云ふべきものだと考へられる。阿部指南の後は大久保三十郎が繼ぎ、その後は久貝權之進正用が指南となつた。權之進正用の父は久貝正豊である。權之進正用は初名留次郎又久吾、悅之進といつた。其の祿高は百五十石である。天明三年癸卯十二月四日進物番に遷り、天明六年丙午十月九日、定江戸となり寛政七年乙夘五月二十一日廣間詰格式小普請觸頭次座となり、享和元年辛酉七月十七日四十七歳で歿した。その江戸に出たのが天明六年十月であるから、此年より水戸は岡見甚三郎輕致が指南となつた事と思はれる。天明八年戊申六月阿部元指南より神文を岡見指南に傳へられた。當時の稽古場は白石又衛門の裏にあつたのである。卽ち今の門前浮町の白石庄次郎氏の裏にあつたのである。寛政三年辛亥文公御在國中、水稽古場に臨まれ親しく其の藝術を覽られたのである。これより諸武藝一統の通りに成つたと傳へられて居る。

因に一言して置かう、水戸藩水術の江戸表指南の初めは久貝權之進正用である。久貝權之進が定江戸となつて、五年目の寛政三年に江戸淺草川下兩國橋邊で指南をなすことになつたのである。水府武術傳系に「寛政三年亥年より公儀ェ被仰立於兩國に指南す」とあるのが其の明證である。

文公時代は實に水戸藩文武の中興時代であつた。水術に就いても在國中稽古場に臨視せられ、又、江戸にも水稽古場を開かせられた事によつても、武術に心を用ゐ、士風の振興に留意された事がよく窺はれる。岡見指南の後は佐藤政之進方實が指南となつた。佐藤指南は水練の達人であるのみならず、又劍術にも優れ、新陰流の指南でもあつた。

佐藤指南より三浦與衛門時一となり、宮本善七郎有壽となつた。三浦與衛門時一は、水府武術傳系の正木八十郎時一であらう。

宮本指南の時文化六年己巳七月、武公、水稽古場に臨視せられた。この時水稽古場の人員は四十五人であつたと傳へられる。宮本指南は文政四年辛巳まで指南を勤め、弘化三年五月二十六日七十一歲で歿したのである。

宮本指南の後は、三浦與衛門爲方が指南となつて、文政十一年戊子までに及んだのである。其の翌文政十二年巳丑十月十七日、烈公が襲封せられた。

文公によつて、振作された水藩の文武の事業も、武哀二公の時代には中弛みとなつたのであるが、烈公時代に復、俄然盛觀を極むることゝなつて、修文講武實に水戸藩の黄金時代が現はれたのであります。此盛な時期に水術の指南であつたのが荒川戶田衛門信吉で、文政十一年より嘉永元年戊申まで繼續して指南であつた。烈公の致仕されたのは弘化元年甲辰五月六日であるから、荒川信吉は烈公時代を通じての指南である。而して、荒川指南は安政六年九月六十五歲で死んだのである。故に水戸藩の盛時に際會した譯である。

水戸の水術は、天保十三年、烈公より水府流水術と命名されて、諸武藝同様の御取立となり、其の稽古は弘道館の事業となつた。從つて諸經費も亦、皆公費となつた。指南は、從來は元指南より順次に傳へ、只御目附方へ屆け出るのみであつたが、烈公時代より武官同格となつて、本務引拔指南仰付けられることゝなつた。

天保十四年より、公子水術稽古を始めさせられた。公子の稽古は、下市の稽古場で行はれたのである。

荒川指南について、飯島彦八郎邦寧が指南となつた。邦寧は文政十年十二月家督を繼いで、元治元年十二月に歿したのである。飯島指南の時に指南手添であつたのは輕部平之允、荷見安太郎、山内豊太郎及黒澤忠三郎である。黑澤忠三郎は櫻田門事件に關係した人であることは、周知の事でいふ迄もない。輕部平之允は水練に傑出してゐたので有名である。藩より下附された甲冑を着て、能く游泳し得たといふ事で、又潛水術に於ても頗る巧妙であつたと傳へられてゐる。

指南手添の荷見安太郎は、私の祖父である。嘉永四年の水稽古の日記が殘つてゐる。讀んで見ると中々面白い。其の七月五日の所には、

八郎麿樣海游有之候事上町指南長尾皆川參り候下町指南幷ニ手添四人輕部、黒澤、山内、荷見御召連上町手添は御召連ニ不被成候前夜八ツ時御城へ相詰御中之口より御供致し杉山河岸より御船御供ニ而但指南手添ハ御鳥船なり大貫渡より御上り同所石田善兵衛宅へ御立寄ニ而晝後海御游ニ相成候事又石田

方へ御立歸一同へ御酒被下置御歸り大貫渡より御船ニ而中河筋御通り指南手添ハ如前順風滿帆ニ而
夕方杉山河岸より御上ニ相成候指南手添の船ハ御船より少シ遲れ候ニ付御□より杉山御門相通り御
城へ罷出御附山下□□へ御次坊主部屋ニテ御禮申上相引候其節ハ暮六ッ過故御目附方へ名前指出切
手受取大手御門より相引候付たり割籠三度被下置候事
七月廿四日の日記は、川越當日の模樣がわかるのである。卽ち、
一　川越有之候事　人數二十五人出錢七百文ッヽ内岡田德五郎殿三人分興津殿貳人分鈴木七三郎殿
　二分出ス
一　饅十引候人數之義ハ前年戌年迄ハ指南免許より平免許迄同數世話役より舟番は數を增し遣候所
　當亥年より指南免許へ數を增し平免許より世話役舟番迄同數ニ而遣申候乍然世話役は川越當日
　ニ免許ニ相成候得共別而前日より骨折有之候ニ付外ニ十つヽ遣申候且又元より免許ニ而出精之
　族迄も十ッヽ遣申候
一　指南免許三拾つヽ
一　平免許二十五つヽ　外に出精之族へは十つヽ新免許も同斷
一　舟番二十五
一　平稽古十五つヽ

一　川越之族へ十八つヽ

一　川上捨三郎、近藤金吉、石川龍之介三人先生心付ニ而指南免許同席ニ而酒振舞候事

一　はんぢふ壹分ニ付ー五束不足五十

一　高丈三帖延紙二百まい調候事

　右之通り

とあり、川越之人數當日配つた饅頭の數など明細にわかる。

又、八月廿一日の日記には、

八郎麿様三夜程御逗留ニ而海游被遊候ニ付手添指南日々湊御殿へ詰メ御相手相勤候事但シ手添ハ日々交代指南ハ日々相詰候御用宿ハ不相濟候事上町も同斷但シ　八郎麿様御出ハ廿一日ニ而指南手添ハ廿二日より詰

行き歸り共御用船相濟事行きし節ハ勝倉より相濟候歸り之節ハ祝町渡より相濟候事

又川越當日の模様等、頗る詳細に記してあるが省略して置く。

飯島指南の後は、横山九郎衛門が繼ぎ、次で輕部平之允和邦が指南となつた。平之允は武藝出精の廉で屢々褒賞にも預つた。安政三年六月四日定江戸となり、安政戊午九月七日大納戸奉行となり、更に同月小姓頭取となつた。萬延元年八月水戸に下り、文久三年癸亥二月江戸に上つて、同年四月三日四十

二歳で歿したのである。

輕部指南の後は、再び荒川戸田衛門信吉が指南となつた。輕部指南は、安政三年江戸勤を命ぜられたので、其の時元指南の荒川信吉に指南を返して江戸に上つたといふ事である。荒川指南の後は、其の子の荒川辨介信敏が受け、次ぎは市村治部介善長が指南となり、慶應三年に至つた。其の後再び荒川信敏が指南となつたが、明治二年には近藤金吉が指南となつて、明治五年に至つたのである。其の前年明治四年に廢藩となつたので、明治五年十二月よりは弘道館の文武は廢絶となつて、近藤金吉は指南を自然に退いて、水術稽古は一旦中絶するに至つたのである。甚だ概略ではあるが、以上が舊藩時代の下市水府流水術の沿革である。中絶後、再興の事情と、其の推移に就いては別の機會に讓ることゝする。因に水戸下市の水術を、小松流といふのだとの説に就いて一言申添へて置きたい。下市の所謂二重熨斗泳ぎの格法の發明者は、前述した通り荷見茂衛門守壯の門弟阿部伊左衛門である。舊藩以來、未だ嘗て其の格法を小松流などといつたことはないのである。この事に就いては、自分の調査寓目した限りでは全く見當らぬのである。苟も、武術の傳統に關する事であるから、かゝる事を勝手に説き立つる事は好ましい事ではあるまいと思ふ。況や、天保十三年烈公の命名で、水戸の水術は水府流水術と其の名稱が確定してゐるではないか。由來上市の泳法も、下市の泳法も、只其の格法が水流等の關係で特殊の發達を來したものと見るべきで、卽ち上市の水術も下市の水術も、水府流水術の格法の一部であると考ふる事が妥當の見解ではあるまいか。更に吾等は水戸の水術稽古場の如きは、若しも事情が可能であるならば、悉く打って一團として統制ある組織の下に置き、舊來の水術格法を保存すると共に、廣く他流の格法をも研究して、其の技を磨き武術の一部として、身心を鍛練し來つた永き傳統を保持して、益々其の光輝の發揚に力めて行きたいと思ふのである。

四、廢藩當時の下市水泳界

最後に廢藩より其の翌明治五年、荒川、近藤兩指南時代の指南、大世話役、世話役、指南免許、元指南の人々に就いて申述べて、水府流水術史料の一端として置きたい。

指南手添は川崎町の山本熊吉、荒神町の平山小十郎、十軒町の市村信之介、立浪町の近藤喜左衛門(軍四郎と云つた人である)花畑の松崎龜吉等であつた。

大世話役であつたのは藏前の鈴木熊藏、代官町の森田三太夫、横竹隈の小國倉之介、仲ノ町の大橋大次郎、川崎町の石川捨吉等であつた。

世話役は三ノ町の飯島秀三郎、赤沼町の根本己之介、三ノ町の津川伊平太、蓮池町の彥坂小十郎、上町住の淺田重等であつた。

指南免許の人々には、指南免許の筆頭が川崎町の石川富衛門、其の他は仲ノ町の小宅某、三ノ町の飯島彥八郎、川崎町の山本熊吉、川崎町の石川龍之介(石川富衛門の子である)馬場の齋藤銀太郎、荒神町の平山小十郎、十軒町の市村信之介等であつた。

猶ほ元指南の人々は、上市の淺田介之允、小柳津太郎八でこの二人は江戸表の指南であつた。水戸の元指南であつたのは市村治部介であつた。荒川辨介も元指南であつた。

これに依つて見ても廢藩當時の頃の、水戸水泳界は達人揃であつたことがわかるのである。

水術稽古の掟、慣例其の他稽古の指導等に就いても相當興味ある事もあり、參考とすべき事もあるけれども、先づこゝで止めておくこととする次第であります。

第三編　發　展　期

維新後下市水術の再興

明治二年に、近藤金吉、水府流水術指南となつて、明治五年に至る。其の前年明治四年に廢藩となり、翌五年十二月八日、弘道館の文武は廢絶となつたので、近藤金吉は指南を自然に退いて、水術の稽古は一旦中絶したのである。當時、荒川、近藤兩指南時代の指南手添、大世話役、世話役等に就いては前述した如く左の通りである。

指南手添は山本熊吉、平山小十郎、市村信之介、近藤喜左衛門（軍四郎と云つた人である）松崎龜吉の五名で、大世話役は鈴木熊藏、森田三太夫、小國倉之介、大橋大次郎、石川捨吉の五名、世話役は飯島秀三郎、根本己之介、津川伊平太、彦坂小十郎、淺田重の五名であつた。

當時、指南免許の人々には石川富衛門、小宅某、飯島彦八郎、山本熊吉、石川龍之介、齋藤銀太郎、平山小十郎、市村信之介等であつた。

猶ほ、元指南の人々は淺田介之允（江戸表指南）、小柳津太郎八（江戸表指南）、市村治部介（水戸指南）、荒川辨介（水戸指南）等であつた。明治初年の下市水泳界は多士濟々たること、斯くの如くであつた。

下市水術稽古の中絶は甚だ遺憾であつた。當時、水戸下市三ノ町横山高堅の明强塾にゐた私の父荷見守敬は、横山高堅に水術稽古再興計劃に就いて意見を陳述した所、横山高堅は全然之に賛成された。而して、横山高堅はその子、新介にも水術の稽古をさせたく思つて居た所だとて、差し當り指南の問題であるが、誰を推したらよいかと横山が尋ねたので、荷見は早速隣家の飯島邦房――邦房は當時三ノ町荷見の南隣に居た――を推した。飯島邦房は元指南の家で、邦房は水術の練達者であつたからである。横山はそれは確に名案だと言はれた。そこで荷見は飯島邦房に指南を依賴した。然るに飯島は「指南は以ての外の事だ。我が父（邦房の父彦八郎邦寧の事である）が指南を勤め、其の際自分は容易でない、苦い經驗を嘗めてゐる、これには出るわけにゆかぬ」と辭退された。

飯島は自分は出られないが、元指南の近藤金吉に依頼して見たらどうかとの事であつたので、荷見は横山にも協議して、近藤に當つて見た。然るに近藤は「水術稽古を廢せるは政府が既に其の必要を認めてゐないからだ、今日は自辨自職の世となつて、時勢が變つてゐるのだから、指南などの依頼には應ぜられぬ」とて、これ亦辭退された。近藤が應ぜぬので、荷見は事の經過を飯島、横山兩人に報告し、飯島、横山、荷見の三名は更に熟議の上で、川崎町の石川龍之介を指南に推すことゝし、勸說する手筈をきめた。

石川龍之介は、指南免許で元手添でもあり達人である。其の父、石川富衛門は指南免許の筆頭で、頗る其の技優れ、且つ壯健、龍之介の長子、清明も亦水術の練達者で、一家三名の立派な腕揃であるから、龍之介が出らるれば最も好都合であるので、先づ飯島が極力、石川龍之介を動かす事とし、石川へ出向いて、今日水術の指南をなすものなく稽古場なくては、この附近は川に近く、少年の勝手の水泳は、甚だ危險千萬で、且つ現狀のまゝでは、舊水戸藩、武術奬勵の趣旨を全然沒却してゐる次第で、甚だ殘念だから是非指南となつて吳れまいかと懇請した。

石川龍之介は、遂に三名の希望を容れて、次男（これは神永清である）にも稽古させる必要もあるから、御受け致さうとて、承諾される事になつた。實に明治九年七月である。

かくて、吉日をトして村山河岸を借り、稽古場を開くに至つたのである。石川龍之介が、指南となるには、又便宜な點があつたのである。その第一は平素那珂川で、鰻釣、投網等、殺生を好んだので自家の船を所持して居たから、之を新調する必要が無かつたのである。

その二は稽古場の位置として、村山河岸は絶好の場所であることである。

此の村山河岸を、石川が借用するには、又更に便宜な事情があつた。村山河岸の所持者は村山清三郎（今の村山恒一郎氏の祖父である）と云つて、如何にも質朴で親切な人格者であつた。茨城縣置の始めより、細谷村の戸長で、當時も在職中で、石川とは舊藩以來親交があり、殊に清三郎の女は、龍之介の母堂の裁縫の教へ子で、其の頃猶ほ、稽古に通つてゐたのである。かゝる事情で、村山清三郎は水術稽古場には、川岸の番小屋を使用する事をも快諾されたので、稽古始めには實に便宜がよかつたのである。最初石川龍之介に就いて、稽古を始めたのは横山高堅の長子新介、石川龍之介二男清、荷見守敬弟守男、城所直衛門孫直の四人であつた。つゞいて服部正義の長子正一郎が入門し、數日間、石川父子が五人の門弟を教授したのに始まつたのである。石川龍之介が指南となつた時、飯島、横山、荷見の三名は亦更に協議の上、元指南近藤金吉に對し、石川を水術指南に依頼し同人がこれを承諾せる旨を荷見より近藤に通じた。近藤は水術指南に石川を得た事は、最適任者であると語られ、頗る滿足された。これが舊藩後に於ける水戸下市水術再興の梗概である。

明治九年、水術再興當時の事實を最も明確に知悉してゐるのは荷見守敬、石川清明の兩人であるが、明治九年に石川清明は二十二歳、荷見守敬は十九歳であつた。

追錄　水戶下市水術再興に就きて山田正忠、小野崎汎等が斡旋せる由、記せるものがあるが、これは全然虛說で何等の根據なき誤傳である。嘗て石川清明も山田、小野崎の二人は當時の事には影も形もない人だと明言してゐる。念の爲め玆に記して訂して置く。

石川龍之介は、明治九年より明治三十九年まで指南たること三十有餘年、熱心に門弟を指導し七十八歳で歿した。門人中には優れた水術の練達者、有爲の人材も相當に輩出したのである。併しこの多年の間は必ずしも平穩のみとは言はれぬ。今の下市水府流水術協會の起つたことなどは著しい出來事である。

石川龍之介の後は、其の子石川清明が繼いで、明治四十年より大正十二年まで、十八年間指南であつた。時勢は體育の普及につれ、水泳熱も昂まり、村山河岸稽古場は盛大を誇つて居たが、大正十二年石川清明門人中に稽古場の現狀は、時代の趨勢に順應するものでないから、一改革をなさねばこの水泳場の永遠の發展は期し得られないといふ輿論が自然に昂まつて、遂に指南に改革の法案を申出たのである。畢竟この改革の叫は突發的のものではなく、數年來暗遷默移し來つて、これが表面化したのである。卽ち稽古場を石川指南個人の經營とせずして、其の經費は門生より徵收し、指南には定額の報酬を提供し、役員は合議の上、水泳場の經營發展を企圖し、時代の進運に順應せんとしたのが改革の要旨であつた。卽ち指南の專斷より役員の合議に依る組識に改良せんとしたのである。蓋し適切の改革意見であつたのである。然るに石川指南は遂にこれを容れずして、大正十三年突如數名の門生に稽古場を閉鎖する通告を發表して、指南を隱退された。

石川指南隱退の年、卽ち大正十三年より白石庄次郎氏が、舊石川敎場の門生を指導敎授の任に當り、村山河岸の水術稽古場は、組織改新されて今日に及んでゐるのである。

石川指南隱退の際、舊門生と石川元指南との融和妥協を圖り、水泳場の紛議調停斡旋方依賴の爲め、石川指南の門生、榊、增山外一名荷見守敬方へ來り、水泳場の從來の經緯を詳述し、貴下が下市水術稽古場再興盡力の緣故上、この際又、此事件の圓滿解決に斡旋を煩はしたしと誠意を披瀝された。荷見は石川淸明とは幼年より親交はあるが、自分のみで交涉して其の間に、萬一異同を生ずる事あつてはならぬと懸念し、十軒町の小松崎萬次郎氏と共に石川淸明を訪ふて、意見を聽くことにした。小松崎氏は石川門人で指南免許、同氏の子息達も皆石川門人で水術の練達者であるので、好都合であると考へたからである。荷見、小松崎の二人は石川淸明に會見し、その意見を叩き、門生側の希望を述べ、その妥協點の發見に努めたが、石川淸明は自說を固執し遂に應諾を肯じなかつた。其の後、白石庄次郎氏荷見へ來り、石川淸明へ更に水泳場の意志を傳達し、調停を望まれたので、荷見は、再度石川淸明と會見した。卽ち石川淸明に指南を隱退する如き、稽古場閉鎖聲明をなす如き擧に出づることを撤回し、健康上指南として出場困難ならば、門生の進級等の證書に署名捺印する等、唯名目のみでもよいから、穩當な進退をなされたい。而して指南には相當の敬意を拂ふ樣、吾等に於て取計ふであらうと懇切に勸告したが、石川淸明の挨拶には、貴下の勸告は元々此の稽古場開始の恩人であり、舊藩後水術再興に最も盡瘁された關係もあることだから、その御趣旨には從はねば相濟まぬのだが、これのみは如何とも御希望に副ひ兼ねるから、何卒不惡御恕しを願ふとのことである故、同氏の意中も察して、遂にその交渉を打ち切ることゝしたのである。

さて、兎角の經緯はあつたものゝ、石川指南父子が下市水術稽古場再興以來五十年間、斯界に盡された功績は又認めねばなるまい。今日の盛大な水泳界に、進出する基礎を作つた事は感謝すべきではあるまいか。殊にその困難な後を引き受けて、今日の隆盛を來しつゝある現村山河岸水泳場の白石庄次郎氏に對しては、其の功を稱へねばならぬ。

顧みれば、維新後歳月が流れて已に六十有七年、下市水術再興の事情――眞の事實を知つてゐる者は誠に少數であらう。今この事情を記して置かぬと、この武術再興の眞實の史實が或は煙滅に歸し、徒らに揣摩憶說を逞うし、眞の姿が全然傳へられなくならぬとも限らぬと思はれる。既に近來歪められたる甚だしき誤傳を記すものすら出て來つた始末だから、聊か再興の事情を略叙したのである。

水戸藩水術傳系の取調に、重要なる水府武術傳系の跋文を、この冊子の最後に掲げて置きたい。水術史の研究に多大の便宜を與へられたからである。

昔人有言、源遠而末益分、今之武藝是已、我水府之建也、幾乎二百年、先師所傳、子弟所習、兵法、軍禮、以至射、御、刀、槍諸技、各立門戶、別爲數流、有志之士、欲溫古而知新、莫窮其淵源、可乎、小兵衛岡本氏、夙嗜技擊、既專攻而深造、餘力所及、又旁搜而博稽、乃述爲此譜、水府武藝之傳、開卷了然、如指諸掌、何其勤也、北郭藤田君子師、覽而善之、客歲冬、以大番頭、祗役江戶、齎至藩邸、献之公、公亦稱善、廼命侍臣、繕寫一通、置諸座右、聽政之暇、閱士人武藝、時或繙此譜、以問其敎師、敎師未嘗不驚服其詳審云、北郭君既歸自江戶、一日以示余、需跋其後、余書生也、何知武事、然竊謂、百家衆技、各有一長、兼而存之、擇而用之、兵斯强矣、若乃狥嗜好之偏、黨同伐異、執一廢百、君子惡焉、今斯譜也、於諸家、不敢妄加取捨、衆流別派、悉叙淵源、水府武藝、於斯手盡矣、岡本氏之功、其可沒哉、

右は藤田一正が享和壬戌三月晦に記したもので、水府武術の源流を知るに頗る肝要なることは、この文でよく窺はれるであらう。

附録一　追加資料

一　水府流劒術傳書(1)

水府流太刀筋

晴眼
中晴眼
下段
上段
大上段
脇構
霞
陰
左陰
本覺

右者天然十根ノ太刀也此ノ十根ノ太刀ヲ本トシ以下十等ノ業ニ及フ故ニ十根ノ太刀ヲ容易ニ思フ間敷也(2)

十等

切落シ
巻キ
摺揚ケ
四ツ目
納メ

右一刀流太刀筋

九等

霞

長短ノ一身　ヲツトリトハ太刀ノ柄胸ニ當ル位ニ刄ニ付テトルナリ
右　轉
手　留
殺
右新陰流太刀筋
八　等
抜ケ身
切落抜ケ
眞妙劒
右神子上一刀流太刀筋
七　等
徹　底
中晴眼突
現　妙
中庸ノ止メ

巻返シ
右眞陰流太刀筋
六　等
乗
突
右一刀流太刀筋
右十等ヨリ六等迄何レモ大人ハ刄引セリ幼年ハ木刀ニテ遣フヘシ刄引セリニ面ヲ用ヒル叓ナシ
五　等
半切半返
左　轉
無　法
當太刀崩シ

總巻リ

右新陰流太刀筋

四等

晴眼巻

引　巻

左右轉格

水貫刀(3)

打外シ巻(4)

右一刀流太刀筋

以上何レモナメシ革毛柔刀《シナイ》鍔ヲ付形ノ悪敷キヲ可直叓(5)

一刃引セリハ日々可致、幼年ノ者ハ柔刀ニテセリ可申叓

一仕合ノ節ナメシ革鍔付柔刀寄竹ナリニテ面小手ニテ三日ニ一度位存分ニ打合テ筋骨ヲ堅メ息合ヲ試ミ置ヘシ仕合ノ儀他流トいたし不苦叓

一槍入ハ常ニナラシ置ヘシ何レノ槍遣ニテモ達人ヲ頼ミつかすヘシ尤木刀タルヘシ

三等

捨劒折鋪拂

捨劒突

捨劒拂

右自得三捨ノ太刀筋也是レヲ初傳ト定ム

二等

晴眼突

脇構開ノ突

組合折敷ノ突

突四ツ目

折敷ノ突

右自得六突ノ太刀筋也(6)

是ヲ中傳ト定ム免許ニテ可許也

右双引セリ柔刀何レニテモ遣フ

一等

四ツ切　打太刀陰也遺身脇構ニテ仕掛ケ打太刀(7)打處ヲ右ノ足ヲ踏込ミ入違ニ頭ヲ切ル

右一刀流太刀筋

拂《ホツ》

右新陰流太刀筋

右二本敵ノ未發ヲ知叓肝要也

右二本ノ太刀是レヲ後傳ト定ム免許ニテ可許也

伸打ノ太刀

敵ト相對シ敵中段ニテモ下段ニテモ右ニ不拘脇かまへニテ仕掛ケ脇かまへハ左右トモ勝手次第ナリ敵ヨリ打込テモ突込テモトヾカヌ程ノ間ヲ見ツモリ未敵ニテ不起前ニ先足ヲ踏込片手打ニ敵ノ眞甲ヲカケテ打也萬一打ハツシテモ其太刀ヲ引カヘシテ冠リ敵ヨリ打太刀ヲ留ラルル也たとへ眞甲ヘトトカストモ手ヘカヽルカ指ヘカヽル時ハ勝利無疑叓ニテ必ス頭斗リヲ目カクルニ不及叓也

祕極

太極ノ太刀　打太刀陰ニテモ下段ニテモ敵ノ構ニ不拘脇構ニ取リ敵ノ未發ニ進ミテ發頭ヲ打ツ上ヨリ來レハ下ヨリ拂ヒ下ヨリ來レバ上ヨリ拂ヒ敵ニヨリテ轉化ス

右一刀流極意ノ太刀筋

飛星太刀　敵ノ虚ヲ突叓飛星ノ如ク飛カ如ク也

北辰太刀　又八方兼備トモ云フ常ニ晴眼ト云フ圖如左

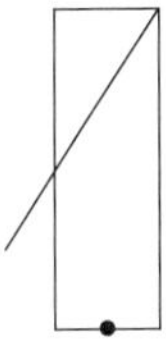

右ハ印可ノ太刀也指南ノ者ヘ可許也

天保十三年壬寅正月廿三日

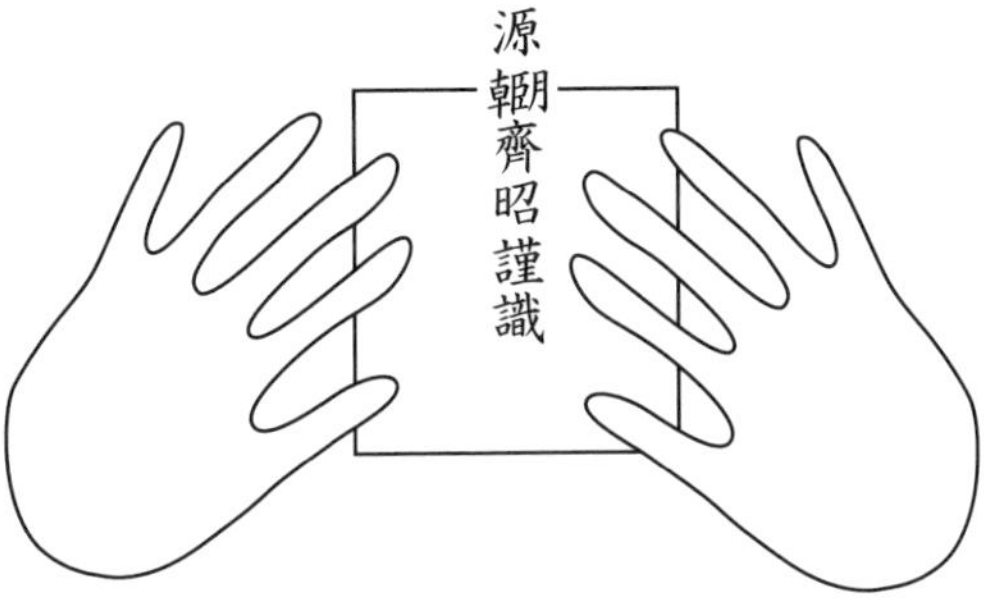

（1）本節の内容は新版『水府流』の六〜十頁に「水府流傳書」として掲げられたものである。原典は特定されてゐないが、附録二で述べるやうにこれは本文四十二頁で言及された「御傳書巻物大體の寫」の複写物の一つであると見られる。原典乃至新版校正段階での遺漏を修正し再掲した。形式は荷見守身による御傳書の寫しを直接筆写したといふ輕部文書を參考にした。なほ、新版の原文は昭和三十年代の常用漢字に従ってゐるが、今回は復刻版で使用した漢字に合せた。

（2）「以下十等ノ業ニ及フ」は原典の「以下業（等カ）ニ及フ」を輕部文書を参照して修正した。

（3）『水府流御伝書［写］』には「氷貫刀」とある。

（4）原本は「打外三巻」とあるを修正した。

（5）原本は「悪敷キ可直事」。輕部文書に従って修正した。他の「叓」も原本は「事」である。

（6）原本の「ス」を「六」に修正。

（7）この「打太刀」は原本にはない。輕部文書に従って挿入した。

二　水術三十ケ條の目録⑧

一　滿水ヲ泳ク心得ノ事
一　深キ水底ニ入ル心得ノ事並ニ稽古ノ事
一　長間ヲ泳ク心得ノ事並ニ稽古ノ事
一　川瀬ヲ見ル心得ノ事
一　早瀬ヲ歩行渡リスル心得ノ事並ニ倒レタル時泳様ノ事
一　巻キ目ニ入リ泳ク心得ノ事
一　深キ水底ニ入リタルト否ト川瀬ノ様子ヲ見ル心得ノ事
一　船ニ乗ル心得ノ事
一　溺レタル人ヲ助クル心得ノ事
一　川上ニ泳ク心得ノ事
一　水中ニテこぐら反リタル時ノ心得ノ事
一　水中長間ヲくゞる心得ノ事
一　池並流ナキ所ヘ限リテ入ルヘカラサル事
一　船ヲ踏ミ外シタル時ノ心得ノ事
一　井戸ニ入リタル人ヲ助クル心得ノ事
一　多ク呑ミタル水ヲハカスル心得ノ事
一　水ニ溺レテ絶息シタル者ヲ間ナキ時生返ス心得ノ事
一　水濁リタル時ハ深入無用ノ事
一　物ヲ取落シタル時人ヨリ頼マルヽモ川瀬ヲ知ラサル所ヘハ入ラサルモ恥ニアラス漫ニ入ルヘカラサル事

一　入テ叶ハサル時ハ腰縄ヲ付ケテ入ルヘキ事
一　滿　心
一　人ニ先タツ
一　手柄タテ
右三ヶ條ハ愼第一ノ事
一　水中ニ落タル物ヲ取リ得ル心得ノ事
一　同脇指ノ類ヲ取得ル心得ノ事
一　亂杭シガラアル所ヘ入ル心得ノ事
一　船ヨリ落タル時ノ心得ノ事
一　同　人ノ落タル時ノ取扱ヒ方
一　死シタル人屍見ヘサル時其屍ノ所在ヲ鑑定スル心得ノ事
一　重キ物ヲ負フテ泳ク心得ノ事竝ニ稽古ノ事

以　上

稽古法ノ一二

一　川越ニ至ラントスル者ハ川岸ニテ流ノ上下ヘ十間ヲ距テ杭ヲ立テ置キ三十度ヲ期シ泳キ廻ラシム凡ソ三百間ヲ泳クモノト見做シテ川ヲ越サシム是川越前ノ稽古ナリ

一　前ノ如クシテ上下三百間ヲ泳クコトヲ得ハ日限ヲ定テ川越式ヲ行フ式終テハ指南宅ニ於テ神文ヲ爲サシム此時先師ヨリ傳ハル處ノ條目ヲ讀ミ聞カス是レ水術稽古ノ入門式ナリ

一　夫レヨリ漸ク上達セバ是ヲちどりヲ掛クト謂フ那珂川ハ水勢荒キヲ以テ到底流レト直角ニ泳クコト能ハサレハ上流ヨリ斜メニ下ルコト十五六丁ノ間ニ於テ之レヲ行フ此ノちどり修業滯リナケレハ一人泳ヲ許シ夫レ

ヨリ海泳キ稽古ヲ爲サシムルコトアリ

一 右ノ稽古中毎日水術格法ヲ敎ヘ上達スルニ從ヒクヾリ二重のし拔手上セリ等ノ修業ヲ爲サシメ竝ニ心得方ヲ傳授ス

稽古掟書ノ事

一 於稽古場世話役以上ノ族居合セ不申候ハヽ入申間敷事

一 御免ナキ内川越申間敷事

一 稽古場ノ外小川タリトモ猥リニ不可入事

一 師ヘハ猶更相互ニ遺恨挾申間敷事

一 若シ存寄ノ筋モ無之ニ於テハ師ヘ罷越シ篤ト談合申ヘキ事

一 巧不巧ニヨラス於水中戯致間敷事

一 他流ハ勿論相互善悪評議無益ノ批判有間敷事

一 稽古場身柄ノ事有之間敷第一人品愼ミ猥リケ間敷儀有之間敷事

一 畑類一切踏散申間敷事

右ノ條々可相守也若シ相背ハ神佛冥罰可被蒙者也依而前書如件

(8) 本節の内容は本文五七頁に記載の水術三十ケ條目録掟書である。

三　漢文候文資料の書き下し文(9)

献白書写

右は一刀流剣術江戸表に於て若年より執心修業仕り候所天保三年辰年故木原六郎兵衛より指南相請門弟引立方丹精仕り罷在候処亥十月より
上公え御師範申上げ同十一年子五月御金方より出火御殿向残らず御焼失上公琴畫亭へ御開きの節近習向未タ参着仕らず候ニ付御大切の御包物背負ひ御供仕り候趣ニ御座候同十四年卯六月十一日水府流剣術指南相勤め且つ
鶴千代麿様御相手ヲも相勤め候勤労ヲ以て御合力御扶持三人分下し置かれ其の間水府流御取立遊ばされ候ニ付御国表指南の族え太刀筋等打合セの儀ニ付罷下リ数日骨折り仕り候弘化午年まで懈怠なく指南相勤め罷あり候処眼気相煩ひ候ニ付久世三十郎え指南相廻し候処眼気少ク相叶ひ候様罷成り候ニ付　上公御稽古遊ばされ候度々召させられ其の後は御定日罷出で候様御達ニ付欠かさず罷出で相勤め嘉永三戌年三十郎御暇仰せ出され候ニ付跡指南仰せ付られ候間病眼押し張り同寅年まで相勤め同年中村五藤次ニ指南相廻し申候同未年五藤次御国勝手仰せ付けられ跡指南御座なく候に付門弟引立方丹誠仕り候ニ付文久三亥十二月御褒美の為め白銀二枚下し置かれ候元治元子四月ヨリ慶応元年まで指南御座なく候ニ付前々の如ク門弟引立方丹誠仕り同年御国表え罷下リ候ても学校御始メ相成らざる内ハ家塾え罷出で御始メ相成り候ては勿論出精罷出で候ニ付此度御褒美の為め絹拝領仰せ付けられ有難き仕合せに存じ奉り候前書天保三辰年指南仰せ付けられ候ヨリ当卯年まで三十六ヶ年の間丹誠仕り当卯年六十五歳の老人ニ罷成り候ても懈怠なく罷出で引立方丹誠仕り候議ニ御座候間何卒無争議家督相立ち候立場え仰せ付けられ下し置かれ候様仕り度く前文何分ニも御酌取下し置か

れ尚又同人儀極老まで廃棄仕らざる心底ヲモ御憐察下され遠からず仰せ出され下し置かれ候様仕り度く此段私に於て偏ニ願ひ奉り候以上（一六頁参照）

門人推挙文事例

事例　その一　右は水府流剣術若年の砌より出精ニて弘道館御開き以来別て執心修行仕り候ニ付年々御品物下し置かれ有難き仕合ニ存じ奉り候芸術の義も上達仕り候間御褒美の為め白銀下し置かれ候様願ひ奉り候殊更勇四郎義ハ武芸のみならず学文も執心ニて文館迄も出精仕り候実ニ感心なる事ニ御座候間此段相済み候様当正月中願ひ奉り候処未タ何等の御沙汰もこれ無く候え共何卒近々の内相済み候様仕り度此段偏ニ願い奉り候以上（三二頁参照）

事例　その二　右は水府流剣術若年の砌より出精ニて弘道館御開き以来別て執心修業仕り候ニ付年々御品物等尚又白銀御褒美下し置かれ候当時修行料の為め白銀三枚御付ケ下し置かれ有難き仕合ニ存じ奉り候然る所去月中同姓金次郎死去仕り未タ忌中ニて家督も　仰せ出されざる中願ひ奉り候義恐れ入り候えども吉太郎数年の出精尚又芸術も上達仕り白銀迄も御附ニ相成り候かたがた思召立たれ御召出シ下し置かれ候様仕り度此段相済み候様偏ニ願ひ奉り候以上（三三頁参照）

事例　その三　右は水府流剣術若年の砌より出精ニて弘道館御開き以来別て執心修業仕り候ニ付年々御品物下し置かれ有難き仕合ニ存じ奉り候芸術も上達仕り候間御褒美の為め白銀下し置かれ候様当正月中も願ひ奉り候所未タ何等の御沙汰もこれ無く候えども猪三郎義ハ昨年中も皆出仕り候留四郎義壱日相引き候えども父弥五左衛門御用召ニて罷出で候当日御用相別り候まで出仕延引仕り候義ニ御座候間皆出も同様ニ存じ奉り候鉄

五郎も弐百日以上は勿論ニて三人共執心の義芸術等軽重無き族ニ御座候間欠け無く白銀御褒美近々の中下し置かれ候様仕り度此の段相済み候様偏ニ願ひ奉り候以上（三三三頁参照）

事例　その四　右は水府流剣術若年より執心出精仕り候間御慰労下し置かれ候様当正月中も願ひ奉り候所未タ何等の御沙汰もこれ無く候えども近々の内相済み候様仕り度此の段偏ニ願ひ奉り候以上（三三五頁参照）

事例　その五　右は水府流剣術若年の砌より執心出精仕り年々御品物下し置かれ有難き仕合ニ存じ奉り候亡養父彦左衛門跡式下し置かれ

小普請組

仰せ付けられ候てより当丑年迄八ヶ年ニ罷成り候所

徳五郎年来水府流剣術出精ニて芸術も上達仕り尚又文館迄も罷出でかたがた以て篤学の者ニ御座候間近々の内御召出し下し置かれ候様仕り度門人一同の励ニも罷成り候間此段相済み候様私に於て偏ニ願ひ奉り候以上（三三五頁参照）

事例　その六　右は水府流剣術執心出精仕ニ付年々御品物下し置かれ昨年中は岡見竹之介雨宮鉄五郎久貝悦之進三人一同え白銀御褒美下し置かれ有難き仕合ニ存じ奉り候此度竹之介鉄五郎え白銀御付け下し置かれ有難き仕合ニ存じ奉り候悦之進義ハ此度は御白木綿下し置かれ白銀御附けニハ罷りならず候えども昨年は右三人一同御褒美下し置かれ候処此度は竹之介鉄五郎両人えは並合申さず候処無類の出精且つ芸術行状等も至って宜敷者ニ御座候間前書鉄五郎等同様御慰労下し置かれ候て然る可き者ニ御座候当年の義は諸流一同別段御賞シ下され一同有難く相励ミ候所私共不調仕り候ゆへ右等並合申さず候義も出来候えども御公然の思召ヲ以て何卒白銀御附け下し置かれ候様仕り度此段偏ニ願ひ奉り候以上（三三六頁参照）

事例 その七 右は水府流剣術執心出精仕り手添 仰せ付けられ候已来《いらい》宅稽古場ヲも出来置き追々申上置き候通り門人引立方丹誠仕り候義ニ御座候間出格の御賞成シ下し置かれ候様仕り度私共昨年正月指南 仰せ付けられ候砌より願ひ置き奉り候所当年も何等御沙汰これ無く候えども数年の功労莫大の義ニ御座候間何共恐れ入り候願ニ御座候えども御役儀一段御進メ下され候様仕り度偏ニ願ひ奉り候以上（三一六頁参照）

事例 その八 右は水府流剣術出精執心のものに付年々御品物下し置かれ此度も御下緒下し置かれ有難き仕合ニ存じ奉り候同人義是迄白銀御褒美下し置かれ候義も御座無く候併し芸術の義は上達仕りしかのみならず無類の出精ニ御座候間竹之介等ニ相准シ修行料のため直ちニ白銀御付け下し置かれ候様仕り度春中より願ひ奉り置き候義ニ御座候所此度御下緒下し置かれ有難き仕合ニ存じ奉り候重々願ひ奉り候は恐入り候えども何卒同人出精芸術等の義御思召され直ちニ白銀御附け下し置かれ候様願ひ奉り候右御了簡御六ツケ敷き義ニも御座候ハヽ白銀御褒美なりとも下し置かれ候様仕り度願ひ奉り候右等の者お引立ニ相ならず候ても当人気を挫き候義は毛頭これ有るまじく候えども私共立場ハ甚だ指支え候義ニ御座候間何とも恐れ入り候えども出格の思召を以て此の段相済み候様仕り度疾々相願ひ申すべくと存じ奉り罷在り候所当年ハ別段御引立下し置かれ候御砌如何と見合せ罷在り候処もだし難く存じ奉り候間恐入りを顧みず又々願ひ奉り候以上（三一七頁参照）

水府流剣術再興事情

水戸烈公創むる所の水府流剣術は雑賀先生師範と為りてより四伝して豊島先生に及びて諸藩の廃に会う、是を以て師範の職も亦た廃す、爾後水府流は唯だ其の名を存するのみ唯だ其の久しくして其の術の煙滅を恐る、旧門生胥ひ議り其の法術を永遠に存せんと欲す、近年武徳会の設有り、武術諸流の人各々其の法術を講究す、今小沢篤信君剣術を以て名著はる、且つ誓って水府流の門に入る、乃ち君に託し其の法術の目を伝ふ、公の

命名する所の親書を謄写し以てこれを贈ると云ふ（四四頁参照）

水府武術伝系跋文

昔人言ふ有り、源遠くして末益々分ると、今の武芸これのみ、我が水府の建つや、殆ど二百年、先師の伝ふる所、子弟の習ふ所、兵法、軍礼、以て射、御、刀、槍の諸技に至るまで、各門戸を立て、別れて数流となる、有志の士、古きを温ねて新を知らんと欲すれば、其の淵源を窮むる莫くして可ならんや、小兵衛岡本氏、夙に技撃を嗜む、既に専ら攻めて深く造《いた》る、余力の及ぶ所、又旁《あまね》く捜りて博く稽《かんが》へ、乃ち述べて此の譜を為《つく》る、水府武芸の伝、巻を開けば了然、諸《これ》を掌を指すが如し、何ぞ其の勤めたるや、北郭藤田君子師、覧て之を善とす、客歳の冬、大番頭を以て、江戸に祗役し、齎らして藩邸に至り、之を公に献ず、公も亦た善と称す、迺ち侍臣に命じ、一通を繕写せしめ、諸を座右に置き、聴政の暇、士人の武芸を閲し、時に或は此の譜を繙き、以て其の教師を問ふ、教師未だ嘗て其の詳審に驚服せずんばあらずと云ふ、北郭君既に江戸自り帰り、一日以て余に示し、其の後に跋せんことを需《もと》む、余は書生なり、何ぞ武事を知らん、然れども窃かに謂へらく、百家衆技、各々一長有り、兼ねて之を存し、択びて之を用ふ、兵は斯に強し、乃ち嗜好の偏に拘る若《ごと》きは、党同伐異、一を執りて百を廃す、君子悪む、今斯の譜や、諸家に於て、敢へて妄りに取捨を加へず、衆流別派、悉く淵源を叙す、水府武芸、斯に於てか尽くせり、岡本氏の功、其れ没す可けんや（七二頁参照）

（9）新版に挿入された書き下し文（但し、本文部分のみ）を集めた。原文の本文内の該当ページは個別に表示した。なほ、書き下し文は新版と同様で、漢字は現常用漢字、仮名遣ひは原文の通りになってゐる。念のため。

四　水府流兵法(10)

一刀流兵法
新陰流兵法
真陰流兵法
天保十二年辛丑八月十五日
御前ニ於テ三流合併ヲ
命セラレ水府流ノ号ヲ賜フ

一刀流
伊藤一刀齋景久
小野次郎衛門忠明
伊藤孫兵衛忠一
市川佐左衛門晴利
横山縫殿藏君武
小野武左衛門爲宗
横山縫殿藏朝卿
向井縫殿藏正惇
蘆川善六正脩
横山縫殿藏君中

新陰流
上泉伊勢守秀總
坂田治大夫安秀
野中八左衛門正利
深宅治入道高雲
飯塚市郎兵衛正治
望月四郎大夫近信
野中三五郎重羽
鷲尾覚之允益道
野中主殿重雄
河方善兵衛正芳

真陰流
愛洲移香　某
仝　小七郎　某
上泉武藏守　某
疋田豊五郎　某
坂井半助　某
岡治兵衛　某
真野文左衛門　某
天野傳七郎忠任
櫻井文五郎盛連
櫻井荘藏種安

矢野勇藏伊片
横山縫殿藏君綏
山下伊左衛門隆教

久貝權之進正豊
荷見茂衛門守矩(11)
久貝權之進正用
佐藤政之進方實
荷見茂衛門守善
久方忠次衛門定静

栗原文太安智
櫻井彦衛門安信
宮田三郎介清武
櫻井彦衛門安選
城所政彌太信久

山下隆教
久方定静
城所信久

雑賀八次郎重常 天保十三年壬寅正月　日(12) 指南被仰付
荷見安太郎守身 嘉永六年癸丑六月　日(13) 仝
淺田富之允重信 安政三年丙辰正月　日 仝
岡本勇四郎忠誠 元治二年乙丑四月　日(14) 仝
豊島帍之允胤典 明治元年六月　日(15) 仝

天保十三年壬寅正月[7]ヲ以テ更ニ雑賀常重[16]ヘ指南被仰付御傳書ヲ賜フ之レハ元指南ヨリ後指南ヘ引継ヲ為サントスルトキハ前任者ヨリ伺ヲ経上意ヲ承ケ若クハ上納ノ後更ニ後任者ヘ賜ハル等ノ手続キナリシカ豊嶋胤典翁指南ノ当時三流合併ヲ命セラレ其后藩学ヲ廃セラルヽモ返納ノ手続キヲ為サス終ニ現品ノ処在不明トハナレリ爰ニ於テ本流格式ノ道筋ハ殆ト絶ントスルニ至ル然ルニ元指南荷見守身翁ノ謄写ニ係ル一巻全家ニ藏シアリシヲ以テ之ヲ請ヒ複写シテ左ニ掲ク

水府流刀筋[17]

晴眼　中晴眼　下段　上段　大上段　脇構　霞　陰
左陰　本覚

右者天然十根ノ太刀也　此ノ十根ノ太刀ヲ本トシ以下十等業ニ及フ故ニ十根ノ太刀ヲ容易ニ思間敷也

十等

切落シ　巻　摺揚ケ　四ツ目　納メ

右一刀流ノ太刀筋

九等

霞　長短ノ一身（ヲツトリトハ太刀ノ柄胸ニ当ル位ニ刃ヘ付テトルナリ）　右轉　手留
殺

右新陰流ノ太刀筋

八等

抜ケ身　切落抜ケ　真妙剣

右三子神一刀流ノ太刀筋

七等

徹底　中晴眼ノ突　現妙　中庸ノ止メ　巻返シ

右真陰流ノ太刀筋

六等

乗　突

右一刀流ノ太刀筋

右十等ヨリ六等迄何レモ大人ハ刃引セリ[19]幼年ハ木刀ニテ遣フ(ママ)[18]ヘシ刃引セリニ面ヲ用ユル事ナシ

五等

半切半返シ　左轉　無法　当太刀崩シ　総巻リ

右新陰流ノ太刀筋

四等

晴眼ノ巻　引巻　左右轉格　水貫刀　打外シ巻

右一刀流太刀筋

以上何レモナメシ革毛柔刀袴ヲ付[20]形ノ悪敷キヲ可直事

一　刃引セリハ日々可致幼年ノモノハ柔刀ニテセリ可申候[21]

一　仕合ノ節ナメシ革鍔付柔刀（寄竹ナリ）ニテ面小手ニテ三日ニ一度位存分ニ打合テ筋骨ヲ堅メ息合ヲ試ミ置ヘシ仕合ノ儀他流ト致シ不苦候事[22]

一　槍入ハ常ニナラシ置ベシ何レノ槍遣（ママ）ヘニテモ達人ヲ頼ミ遣（ママ）フベシ[23]尤モ木刀タルベシ

三等

捨剣抵舗拂[24]　捨剣突　捨剣拂

右自得三捨ノ太刀筋也是レヲ初傳ト定ム

二等

晴眼突　脇構開キノ突　組合折敷ノ突　突四ツメ

折敷ノ突

右自得六突ノ太刀筋也

是レヲ中傳ト定ム免印[25]ニテ可許

右刃引セリ柔刀何レニテモ遣（ママ）フベシ

一等

四ツ切　打太刀筋陰也遣身脇構ニテ仕掛ケ打チ太刀打処ヲ右ノ足ヲ踏込ミ入込ミ頭ヲ切ル

右一刀流太刀筋

拂

右新陰流太刀筋

右二本ノ太刀筋是レヲ後傳ト定ム免許ニテ可許也[26]

伸打ノ太刀

敵ト相対シ敵中段ニテモ下段ニテモ右ニ不拘脇構

ニテ仕掛ケ 脇構ハ左右共勝手次第ナリ 敵ヨリ打込ミテモ突込ミテモ届カズ裡ノ間ヲ遺見ツモリ未敵ニテ不起前ニ先ツ足シヲ踏込ミ片手打ニ敵ノ真甲ヲカケテ打也万一打外シテモ其太刀ヲ引返シテ冠リ敵ヨリ打太刀ヲ留メラレ留ムルナリ譬ヘ真甲ヘ届カズトモ手ヘ掛ルカ指ヘカカル時ハ勝利無疑事ニテ必ス頭斗リヲ目掛ケテクイ留メニ及ハズ

秘極

太極ノ太刀 打太刀陰ニテモ下段ニテモ敵ノ構ニ不拘脇構ニ取リ
敵ノ未発ニ進ミテモ発頭ヲ打ツ上ヨリ来レハ下ヨリ拂ヘ下ヨリ来レハ上ヨリ拂ヘ依テ轉他ス

右一刀流極意ノ太刀筋

飛星太刀 敵ノ虚ヲ突ク事飛星ノ如ク飛ガ如クナリ

北辰太刀 又八方兼備トモ云フ常ニ晴眼ト云フ図ノ如シ

（図省略）

右ハ印可ノ太刀也指南ノ者へ可許也
天保十三年壬寅正月廿三日
（御手判）

---

(10) 本節の内容は輕部愼編・大古敬筆寫『水府流撃劔術祕訣　完』（明治三十一年）からの引用である。この部分の活字化に際しては人名を除き原本にほぼ字體を合はせた。

(11) 「守矩」は誤りで「守壮」が正しい。詳細は附録二參照。

(12) 本文六頁には天保十四年六月とある。

(13) 本文六頁には嘉永六年正月とある。

(14) 本文十二頁には元治二年二月とある。

(15) 正確には慶應四年六月である。

(16) 雑賀重常が正しい。

(17) 新版『水府流』所載の水府流剣術傳書では「水府流太刀筋」である。

(18) 「遣フ」か？　他にも同じ例あり。

(19) 原本は古字の「叓」である。他の「事」も同様。

(20) 「鍔ヲ付」であらう。すぐ後に「ナメシ革鍔付柔刀」が出てくる。

(21) 「候」は「事」か？

(22) ここの「候」は不要か？

(23) 「遣フベシ」は「つかすベシ」（付かす、師事させるの意）であらう。

(24) 「捨剣折舗拂」か？

(25) 「免許」か？

(26) 前に一行抜けてゐる。

附録二　水府流劍術傳書についての注意

一　水府流劍術傳書の由來

新版『水府流』で追加された資料の中で最も特徴的なものは「水府流劍術傳書」（同書六頁以下）であるが、これには校正漏れの他に参考資料に起因するかと見られる不備があった。以下はこの不備を修正する試みである。

先づ、水府流劍術傳書には複數の種類がある事に注意する。第一は勿論烈公の御手判のある「御傳書巻物」で代々の水府流劍術指南に受繼がれて来たものである。この御傳書巻物は本文二十一頁にあるやうに明治維新の廢藩の後返還されずに所在不明となった。それで、明治三十五年の水府流劍術再興事業では荷見の家に傳ってゐる「御傳書巻物大體の寫」の複寫物が御傳書巻物の代役を勤めたことが本文四十二頁に出てゐる。また、本文三十九頁にはこの御傳書の寫を複寫して指南に當っている人の事が見えているから、明治年間には「御傳書の寫の複写物」が幾通りか出回っていたやうである。

實は、斯様な複写物を平成二十三年三月の大地震の後の整理中に偶然發見した。これは年來の友人山本隆夫氏より古い文書の寫しを作ったがあなたの家にご縁があるやうだからと近年頂戴した輕部愼編、大古敬筆寫『水府流擊劍術祕訣　完』（明治三十一年八月）で、この中に御傳書の荷見守身による寫しを借りて複寫したとの前書きの後、烈公の御手判の概形までまねて丁寧に筆寫されてゐるが、當時はうっかり見逃してしまったやうである。以下では輕部文書として引用する。

さて、この文書の編者輕部愼氏は明治三十年前後の水府流劍術再興事業に中心的に關った人物で、本文四十頁には「輕部愼は白石隆（又衛門）に就いて格の稽古に從事し」とあり、この文書はその際の研究の一端と思はれる。内容を略述すると、自序では明治二十九年四月の水府流劍術保存會設立の主旨（本文四十頁參照）を引用した後、水府流劍術の傳承のために心血を注いだ經緯が記されてゐる。本文では先づ「水府流兵法」として、水戸藩に於ける劍術指南系譜を述べ、次に水府流劍術御傳書の所在不明の問題に觸れ、續いて元指南荷見守身による御傳書の寫しを複寫してゐる。本書の附錄一、第四節にこの部分を活字化した。

一方、本來の御傳書卷物は常磐神社に納められてゐると本文二十一頁にあるが、現在はその筆寫物が茨城縣立歴史館に於て公開資料として閲覽できる。(1) そこで①歴史館の御傳書、②新版『水府流』の御傳書、③輕部文書の御傳書の三者を比較してみれば、次が觀察できる。

(1) ②及び③のどちらも①に於て大部分の格《かた》の註釋を省略したものになってゐる。しかも省略せずに殘した部分は一致してゐる。なほ、輕部文書の殘りの主要部はこの省略された註釋の再構成に當てられてゐる。

(2)　②にはあるが③にはない一行がある。

(3)　②には表現に疑問符のついた意味不明の字句がある。

この觀察から次が分る。

(1)　②には出典の說明がないが、荷見守身による御傳書の寫しの複寫物である。實際、③はその前書きからこれが確かめられるが、それと省略形式が全く同じ②も同樣であるとするのが妥當である。御傳書卷物は指南によって鄭重に保管されてゐたことが知られてゐるから、寫しを作れるのは指南本人以外にはないと思はれるが、輕部文書はこれを記錄として裏付けてゐる。

(2)　③で缺けてゐる一行は格の註釋ではないから、元來省略されない筈のもので、筆寫の際に落したのであらうか。何れにしてもこれは②が③を經由した複寫物ではないことを示してゐる。

(3)　②は荷見守身による御傳書寫しの直接複寫ではない。②には不明確な表現「以下業（等カ）」が最初の方にあるが、直接寫した③で對應する箇所に紛れはないからである。

(4)　これらから本文四十二頁にある「御傳書卷物大體の寫」は輕部文書で「荷見守身翁の謄寫に係る一卷」と同一であると判斷される。從って、②はこの「大體の寫」からの間接の複寫物であるが、輕部文書とは別人の複寫を經由してゐると思はれる。

これだけの準備の上で②に最小限の修正を行って「御傳書巻物大體の寫」（又は「荷見守身による御傳書の寫」）の再現を試みる。その結果は附録一、第一節である。筆寫は書き手の癖も影響するから、複寫物が原典通りとは限らないが、②と③は複寫の系統が違ふから、兩者で一致するところは原本にあったものと見なすことにした。又、今回の場合、「突」と「突キ」や「一刀流太刀筋」と「一刀流ノ太刀筋」などの差を氣にしなければ「大體の寫」は再現できたと思はれる。

二　指南系譜の誤記について

輕部文書は新版『水府流』の水府流劒術傳書の由来並びに本文四十二頁の「御傳書巻物大體の寫」との關聯を示す好個の史料である事は既に見たが、この文書には更に貴重な情報が含まれてゐた。それは、附録十五頁に註記で述べたやうに、輕部文書の新陰流指南系譜では荷見茂衛門守壯となるべきところが荷見茂衛門守矩となってゐた。これが誤記であることは、本文二十〜二十一頁に

> 水府流劒術御傳書の一部をなせる新陰流口傳之巻一巻外極意の巻六巻は、寛延三年庚午十一月十一日に、新陰流指南久貝權之進正豊より荷見茂衛門守壯へ相傳されたものがあります。云々

から明らかであるが、最近の出版物にも同様の不具合があり、荷見茂衛門守矩は新陰流指南として、また荷見茂衛門守壯は水府流水術指南として活躍したことになってゐる。[2] 百年以上を隔てて同じ誤

記が現れるのは偶然の産物とも思へないが、如何であらうか。

結論から言へば、輕部文書に出現した「荷見茂衛門守矩」と名乗る人物は實在せず、「荷見茂衛門守壯は劒術指南と水術指南を兼ねてゐた」といふことである。輕部文書は水府流劒術再興事業の中心にあった輕部氏が水府流劒術の傳承のために心血を注いだ勞作で、この文書を頼りに研究した方も少なくはないと思はれる。從って、僅かな誤記でもかなりの影響が起り得るのではと想像されるので、この際事實を書留めて修正をしておきたい。

劒術指南名の問題と水府系纂

さて、問題は水戸藩士のことなので、標準的な手法として先づ水府系纂を調べる。水府系纂目録によると、第五十八巻上「元祿年中奉仕切符之輩」に私共の初代「荷見茂衛門守之」が記載されてゐる。更にこの目録から同じ苗字の家は他にはないことも分るから、話は單純のはずであったが、この巻は缺けてゐて内容は見られないので、殘念ながらこれだけでは解決にはならない。幸ひ私共には編者の祖父守敬による記録があるので、以下ではそれを參考にする。古いところは水府系纂の筆寫と見られるので、水戸藩時代の樣子は知ることが出來る。もし多少でも補ひになれば幸ひである。

水府系纂は、初めに藩に出仕した家臣名とその系圖を掲げ、夫々について、出自・系統・出仕年次等々の詳細が續く。これに倣って書けば、先づ系圖的なものは水戸藩の範圍で

荷見茂衛門守之→茂衛門守照→茂衛門守壮《もりそう》→茂衛門愼→茂衛門守善→安太郎守身→…

といふことになる。次に記事の方を再現すると、先づ、初代と二代は次の通り。

荷見茂衛門守之　世系未詳元祿六年癸酉十一月朔肅公ニ奉仕切符ヲ賜テ江戸奥方番トナリ是ヨリ先江戸普請方ヲ勤ム七年甲戌七月朔水戸奥方番トナル寳永元年甲申三月致仕シテ泛舟ト號ス三年丙戌四月十二日死ス七十六歳田所作兵衛某カ女ヲ娶テ二男ヲ生ム長ハ藤藏某浪人トナル次ヲ茂衛門守照ト云

茂衛門守照　初名丹三郎父隱居シテ切符ヲ賜テ歩行士トナリ寳永二年乙酉二月朔歩行目付正德五年乙未七月二十日歩行奉行享保二年丁酉五月二十七日吟味役十年乙巳十一月三日普請奉行トナル此時江戸普請奉行ヲ止ラル交代ノ初ナリ事ハ第四十二巻近藤常晟カ條下ニ見ユ　十七年壬子七月二十二日江戸普請奉行トナリ交代一人ヲ加ヘラル二十年乙卯六月十五日大吟味役トナル元文三年戊午正月十三日更ニ百石ヲ賜フ八月十三日死ス六十三歳初田清左衛門利重カ女初嫁中村佐治衛門直靜ヲ娶テ二男ヲ生ム長ハ茂衛門守壯次ヲ安藤庄九郎守春ト云延享四年丁卯正月二十八日權藏正榮カ養子トナル

次が新陰流指南系譜で問題の茂衛門守壮であるが、本文五十四頁に水府系纂からの引用があるので省略する。[3]この人には一男一女があったが、嗣子の城五郎守眞は早世したので養子を迎えた。即ち、

（前略）城五郎守眞初名松之允ト云フ安永八年己亥八月二十日死ス十八歳故ニ森杏庵尚賢二男茂衛門愼ヲ養子トシ女ヲ以テ妻トス

これも水府系纂の記録の筈であるが、缺けてゐて確認が出來ないので、先方の森杏庵尚賢を調べる。實際、杏庵尚賢は水府系纂第四十八巻の森尚謙（號は儼塾）の記録に登場する。系圖は

森宗佐→…→尚謙（儼塾）→尚生→杏庵尚賢→…

となってをり、更に記事を見ると次がある。

杏庵尚賢　養父死シテ享保十五年庚戌十二月十八日十人扶持ヲ賜テ醫師並トナル延享元年甲子五月系纂方雇ヲ勤ム明和五年戊子十二月二十五日二人扶持ヲ増シ賜テ十二人扶持トナル安永三年甲午十二月二十五日醫師トナリ史館勤如故五年丙申十二月二十五日三人分ヲ増シ賜テ十五人扶持トナル六年丁酉十二月二日死ス七十七歳吉見軍治直次カ女ヲ娶ル死シテ藤田自得純清松平大和守直矩浪醫カ女ヲ娶テ二男ヲ生ム長ハ貞庵尚克次ハ荷見茂衛門愼初友之初名松次郎又小七郎ト云安永九年庚子十一月二十一日茂衛門守壯養子トナル

これは私共の記録と符合する。更に、私共の記録を續ければ、

茂衛門愼　安永九年庚子十一月二十一日養子トナリ家督ヲ繼本錄ノ内五十石ヲ賜テ小普請組天明二年壬寅十二月二十五日小十人組トナリ史館ニ勤ム寛政元年己酉正月二十八日奥右筆トナル三年辛亥九月八日死ス五十五歳養父ノ女ヲ娶テ二男ヲ生ム長ハ茂衛門守善次ヲ久左衛門行正ト云文化八年辛未十一月十六日死ス二十二歳

となって次の茂衛門守善に續いて行く。以下は當面の問題とは關りがないから省略する。

斯様なことで、水戸藩士で私共と同じ苗字の者は系圖的に並べた以外には居ない。守壯と守善の間の四代目愼は謂はば文筆の人で武藝の話には登場しない。この邊が大方の誤解の原因かも知れぬが、勝手な憶測は止めて指南の話に戻ると、本文五十四頁を見れば、守壯の代は元文三年（一七三八）から安永九年（一七八〇）までで、新陰流の指南が荷見に傳へられた寛延三年（一七五〇）はこの間のことである。水戸藩には同じ苗字の家は他にないから、指南を引繼いだのは守壯であることになる。既に引用した本文二十一頁の記述から以上は蛇足であるが、賴りになるべき水府系纂の當該箇所が現在は見られないので、念のため記しておく。なほ、この守壯は日置流の射術の指南でもあったし、「疎竹齋」と號した茶人で石州流鎭信系の茶人系譜(4)に見えてもゐる。

（1）山本秋広家史料『水府流御伝書（写）』天保十三年（一八四二）
（2）小野瀬紀男『水戸德川家の武術』（太陽書房、平成二十三年）八十八頁及び一四〇頁參照。
（3）昭和十一年の初版にはこの他にも水府系纂からの引用が多數あるが、水府系纂に缺本があるとの言及はないから、缺本が生じたのはその後のことであらうと推測する。
（4）末宗廣編『茶人系譜』（河原書店、昭和十二年）

昭和十一年 六 月十二日 初版発行
昭和三四年 十 月十八日 新版発行
平成二五年十一月二五日 復刻版発行

著者 荷見守文

改訂 荷見守助

発行 東京都文京区大塚三－三四－三
株式会社内田老鶴圃
内田学

印刷 東京都荒川区西日暮里五－九－八
三美印刷株式会社

ISBN978-4-7536-9020-6 C0021